Doktor Faust

# Des berühmten Schwarzkünstlers und Teufelbanners Kreuz- und Querfahrten

## so wie lustige Abenteuer und schreckliche Höllenfahrt

Doktor Faust

**Des berühmten Schwarzkünstlers und Teufelbanners Kreuz- und Querfahrten**
*so wie lustige Abenteuer und schreckliche Höllenfahrt*

ISBN/EAN: 9783742870605

Hergestellt in Europa, USA, Kanada, Australien, Japan

Cover: Foto ©Thomas Meinert / pixelio.de

Manufactured and distributed by brebook publishing software
(www.brebook.com)

Doktor Faust

# Des berühmten Schwarzkünstlers und Teufelbanners Kreuz- und Querfahrten

# Erstes Kapitel.

## Faust's Geburt und Erziehung.

Johann Faust ist einer jener merkwürdigen Män=
ner Deutschlands, deren Andenken, wenn gleich verstüm=
melt, unter dem Volke sich allgemein erhalten hat. Die Sage
macht unsern Faust zu einem weltberühmten Schwarzkünst=
ler und Teufelsbeschwörer, und vermengt auch den Gold=
arbeiter und reichen Bürger zu Mainz, der um's Jahr
**1440** sich mit Guttenberg verbunden hatte, um dessen
Erfindung der Buchdruckerei zu fördern, mit ihm. Dieser
andere Johann Faust, der im Jahre **1466** starb, ist aber
ganz verschieden von dem, dessen Leben wir hier zu schil=
dern versuchen wollen.

Der berühmte Schwarzkünstler Johann Faust, den
Einige zu Knittlingen in Schwaben, Andere in der Mark
Brandenburg geboren sein lassen, ist zu Soltwedel, einem
Marktflecken im Fürstenthume Anhalt, geboren. Die Zeit
seiner Geburt ist nicht genau bekannt, doch mag sie ins
Jahr **1500** fallen. Einige behaupten, seine Eltern seien
arm gewesen, Andere sagen, sein Vater habe Vermögen
besessen, und ihn deßhalb studieren lassen. Er hatte einen
reichen Vetter zu Wittenberg, und im sechzehnten Jahre
seines Alters begab er sich dahin. Sein Fleiß und seine
Fähigkeiten übertrafen alle Erwartungen seiner Lehrer,

1*

und nachdem er in der lateinischen und griechischen Sprache hinreichende Kenntnisse gesammelt hatte, sandte ihn seines Vaters Bruder auf die hohe Schule nach Ingolstadt, wo er sich auch eine geraume Zeit mit den Vorbereitungswissen= schaften zum geistlichen Stande, wozu er bestimmt war, mit eifriger Verwendung beschäftigte.

---

## Zweites Kapitel.

### Faust's Aufenthalt und Studien zu Ingolstadt.

Aber seinem Genie war der Kreis zu eng und ein= geschlossen, der ihm zum Wirken angewiesen ward. Er sehnte sich nach einer ausgedehnteren Sphäre, seine Fan= tasie war wild, und sein ungestümer Geist erhob sich mit kühnem Fluge in die geheime Werkstätte der Natur. Er verließ die angetretene Bahn, und beschäftigte sich mit der Arz= neikunde. Hier hätte er ein Wohlthäter des menschlichen Geschlechtes werden, und seinen Namen mit so vielem Ruhme auf die Nachwelt fortpflanzen können, als er ihn durch seine Ausschweifungen unvergeßlich machte; allein es ging ihm wie allen unruhigen Köpfen. Unzufrieden mit den Schätzen, die ihm die freigebige Natur darbot, haschte er nach dem Flitter schimmernder Irrwische, die ihn bald in einen Abgrund lockten, in den er immer tiefer versank, und sich endlich aus demselben nicht mehr winden konnte. Die Gestirne zu deuten, Träume aus= zulegen, die Nativität zu stellen, und mehrere dergleichen Thorheiten gehörten in den damaligen Zeiten zu den un=

entbehrlichsten Eigenschaften eines galanten Mannes, un=
gefähr wie heutigen Tages Welt= und Menschenkenntniß
und Reisen, wenn sie auch gleich nur aus der edlen Ab=
sicht den Beutel zu leeren und die Gesundheit zu un=
tergraben, unternommen werden. An Gelegenheit, sich in
diese Geheimnisse einweihen zu lassen, konnte es unserem
Faust nicht fehlen. Diese giftigen Auswüchse der Wissen=
schaften hatten für sein verwildertes Talent so viel Reiz,
daß er sich darin bald, trotz seiner Jugend, über seine
Lehrer emporschwang, und allenthalben als ein Gelehrter
vom ersten Range galt und geehrt wurde.

---

## Drittes Kapitel.
### Erbschaft von seinem Vetter.

Um diese Zeit war es, daß sein Vetter in Witten=
berg, der, weil er noch immer in dem Wahne stand, daß
Faust der Gottesgelehrsamkeit fleißig obliege, ihn zum un=
bedingten Erben seines beträchtlichen Vermögens erklärte.
Ein weites Feld stand nun unserem Abenteurer offen, nichts
hinderte ihn, dasselbe nach seinem Gefallen zu durchstrei=
chen. Für alle widrigen Zufälle des Lebens nach seinem
Sinne geborgen, geachtet bei Jedermann, unabhängig von
der ganzen Welt, überließ er sich dem Strome seiner un=
bändigen Leidenschaften, war taub für die Ermahnungen
rechtschaffener Männer, freute sich der Gegenwart, ohne auf
die Zukunft, die ihm mit Dürftigkeit und Mangel drohte,
zu achten, und kam eher an's Ziel als er wähnte. Je=

dermann weiß, daß es bei einer wohlbesetzten Tafel nie
an Fliegen gebricht, die sich als ungeladene Gäste einfinden
und wider den Willen des Verschwenders mästen. So
ging es unserem Faust. Die Sittenlosigkeit der Studie=
renden hatte damals die höchste Stufe erstiegen, wer dem
Laster am meisten fröhnte, wer neue Quellen zu Aus=
schweifungen entdeckte, der galt für ein schöpferisches Ge=
nie; kein Wunder also, daß sich eine Menge dieser Helden
an unseren Abenteurer anschmiegten, und ihn dort, wo
ihn Ekel und Ueberdruß angrinsten, auf andere Wege
führten, wo die stumpfe Lüsternheit neuen Reiz zum Schwel=
gen und Ausschweifen empfand. — In diesem Augenblick
war er ein Mann in seiner schönsten Blüte. Die Natur
hatte ihn wie einen ihrer Günstlinge behandelt, ihm einen
schönen, festen Körper und eine bedeutende, edle Gesichts=
bildung verliehen. Genug, um sein Glück in der Welt
zu machen; aber da sie die gefährlichen Gaben: strebende
stolze Kraft des Geistes, hohes, feuriges Gefühl des Her=
zens und eine glühende Einbildungskraft hinzufügte, die
das Gegenwärtige nie befriedigte, die das Unzulängliche
des Erhaschten in dem Augenblicke des Genusses aufspürte,
und alle seine übrigen Fähigkeiten beherrschte, so verlor
er bald den Pfad des Glückes, auf den nur Beschränkt=
heit den Sterblichen zu führen scheint, und auf welchem
ihn nur Bescheidenheit erhält. Ein unbegrenzter Hang
nach Ruhm und Größe belebten ihn. Die Gefährten
seiner Ausschweifungen erkannten bald seine schwache Seite
und da Jeder, der sich ihm näherte und seinem Stolz
zu schmeicheln wußte, auf seine Kosten sündigen durfte,
so lange es ihn lüsterte, so fehlte es ihm nie an ge=

schäftigen Freunden, die seine gröbsten Ausschweifungen und niedrigsten Handlungen vergötterten. In diesem Wirbel ließ sich der Unbesonnene eine Zeit lang herumschleudern. Sein Leben schien ein immerwährendes Fest zu sein. Bei Spieltischen, liederlichen Dirnen und lustigen Zechgelagen verschwand ihm der Tag, und bei eben diesen rühmlichen Geschäften überraschte ihn nach durchschwelgten Nächten der Morgen. — Doch, das Sprichwort sagt, „daß sich auch der tiefste und ergiebigste Brunnen erschöpfen lasse," und nachdem er beinahe das ganze Register der Sünden durchlaufen war, sah er auch sein reiches Erbtheil bis auf die Hefe geschmolzen. Seine Tischfreunde und Zechgefährten, welche die Ebbe seines Beutels witterten, flohen ihn nun, überließen ihn der langen Weile, und bald rief er mit allen verarmten Verschwendern aus: „Was unterm Monde liegt, ist eitel."

In dieser traurigen Lage schlich er einige Zeit trübsinnig und düster herum; mehr als einmal faßte er den heilsamen Entschluß, mit seinem Schaden klug zu werden, und einen Ort zu meiden, wo er seine eigenen und die Thorheiten seiner lockeren Freunde so theuer hatte bezahlen müssen. Dieser Eingebung eines höheren Wesens, wie er es nannte, Folge zu leisten, verließ er Ingolstadt, verfügte sich nach Wittenberg, und traf bei den geringen Ueberbleibseln seines Vermögens die nöthigen Anstalten, in die vorige Ordnung zurückzukehren, und auf eine fröhliche Aussicht in die Zukunft bedacht zu sein. Diesen seinen heißen Wunsch um so eher zu erfüllen und seine ungestümen Leidenschaften in Schranken halten zu können, schien ihm ein Weib das zuverlässigste Mittel.

# Viertes Kapitel.

## Fauſt's Vorſatz ſich zu verehelichen.

Zu dieſem Ende gab er ſich alle erdenkliche Mühe, dieſes Vorbauungsmittel für künftige Rückfälle zu finden, und fand es auch bald. Ein armes, aber tugendhaftes Mäd= chen ward ihm in kurzer Zeit durch Prieſters Hand als Gattin angetraut. Die erſten Wochen verſchwanden im Rauſche der Liebe, die Reſte ſeiner Erbſchaft zerfloſſen in Nichts, und die Sorge für ſich und ſein Weib lag nun doppelt auf ſeinen Schultern. Dieſe Bürde ſich zu er= leichtern, zog er in den benachbarten Gegenden herum, und erwarb ſich bei dem abergläubiſchen Pöbel durch ſeine Gaukeleien und Taſchenſpielerkünſte nicht nur ſeinen nö= thigen Unterhalt, ſondern brachte auch bald eine anſehn= liche Summe zuſammen, und kehrte damit zu ſeiner Ge= malin zurück. Ungefähr ein Jahr hindurch reichte ſeine Ernte hin, die Bedürfniſſe ſeines Hauſes zu befriedigen, aber jetzt drang der Mangel mit doppeltem Ungeſtüm ein, und er mußte nun in allem Ernſte auf ein Mittel ſinnen, wodurch er ſeinen zudringlichen Forderungen in der Zu= kunft Einhalt thun könnte. Er fing an das verſcharrte Talent wieder auszugraben, und darüber nachzudenken, ihm und ſeiner Familie nicht nur die erforderliche Nahrung zu verſchaffen, ſondern ſeinen Namen auch bei der Nachwelt berühmt zu machen. Allein alle ſeine Verſuche mißlangen, und er ſah ſich bald dem äußerſten Mangel preisgegeben.

––––––––––

# Fünftes Kapitel.

## Vereitelte Entwürfe.

In dieser düsteren Stimmung wankte er hin und her, und nach vielen Zweifeln und langem Berathen mit sich selbst, schienen ihm am Ende die Wissenschaften doch der kürzeste und bequemste Weg zu seinem glücklichen Fortkommen zu sein, ungeachtet ihm darin auch der erste Versuch mißlungen wäre. Dieser Entschluß reifte auch bald zur That. Als ein muthiger Mann schritt er ohne Zögerung zu Werke, und kaum hatte er ihren Zauberbecher wieder gekostet, als der heftigste Durst nach Wahrheit in seiner Seele entbrannte.

Nach langem Herumtaumeln in diesem Labyrinthe waren seine Ernte: Zweifel, Unwille über die Kurzsichtigkeit des Menschen, Mißmuth und Murren das Licht zu ahnen, ohne die dicke Finsterniß durchbrechen zu können. Er nagte an dem Gedanken, wie und woher es käme, daß der fähige Kopf und der edle Mann vernachlässigt im Elende schmachte, während der Dumme im Ueberflusse schwelgt. So leicht ihm nun die Antwort auf diese Frage war, so verwundete sie doch sein Herz und schlug seine ganze stolze Hoffnung zu Boden. Von diesem Augenblicke an strebte sein gekränkter Geist den verschlungenen Knäuel aufzuwickeln, über dessen Auflösung so viele Tausende die Ruhe, das Glück ihres Lebens umsonst verloren haben. Er wollte nun den Grund des sittlichen Uebels, das Verhältniß des Menschen mit den Geistern erforschen, er wollte die Finsterniß erleuchten, die ihn zu umhüllen schien. Die Hoff-

1 **

nung, die Welt in Erstaunen zu setzen, und als ein Geist erster Größe unter die Menschen zu treten, versüßte eine Zeit lang seine fruchtlose, peinliche Anstrengung.

Da aber seine Lage immer trauriger ward, die Men=schen, die ihm so viel zu danken hatten, sich immer mehr von ihm entfernten, und all' sein Streben, Licht in diese Finsterniß zu bringen, nur dazu diente, sie noch schwärzer und quälender zu machen, so senkte sich bald der Gedanke tief in seine Seele, nur ein Geist der andern Welt könnte seinem Elende abhelfen, und ihm Aufschluß über seine Zweifel gewähren. Zwar schlummerte dieser Gedanke noch in seinem Busen, aber seine Begierden, sein Unmuth, brauchten nur einen neuen, äußeren Reiz, um ihn über die Grenzen zu treiben, gegen die er so wild anstieß. Un=ter den vielen Freunden, die Faust in seinen glücklichen Tagen umschwärmten, war ihm ein einziger im Unglücke treu geblieben. Dieser Edle hieß Johann Wagner, und so wie er bemerkte, daß Schwermuth und Trübsinn sich seines Freundes bemächtiget hatten, bot er Alles auf, den Unglücklichen von diesen Furien zu befreien.

Johann Wagner war eines Predigers Sohn aus Wasserburg und Faust's Famulus, d. h. sein Gehilfe bei allen wissenschaftlichen Arbeiten und Untersuchungen. Er hatte von seinem Vater, der ein großer Gelehrter in allen geheimen Künsten und Wissenschaften war, eine Menge alter Handschriften auf Pergament geerbt, die nun Faust mit ihm auf's Emsigste durchstudirte, und wodurch er nach und nach in den Stand gesetzt wurde, Dinge zu verrichten, über die wir uns heut zu Tage wohl nicht

sehr wundern, die aber in jener Zeit als Wunder erschie=
nen, und von denen man glaubte, sie könnten nur mit
Hilfe des Satans bewerkstelligt werden.

---

## Sechstes Kapitel.

### Faust entschließt sich, zu seiner weiteren Ausbildung nach Frankfurt zu reisen.

Faust's düstere Stimmung währte fort, und sein
ganzes Sinnen und Trachten war darauf gerichtet, durch
Hilfe überirdischer Wesen sich Reichthümer, Ansehen und
durch außerordentliche Wissenschaften Ruhm bei der Mit=
und Nachwelt zu verschaffen. Sein Famulus Wagner
hatte ihm den Rath gegeben, nach Frankfurt zu reisen,
und dort von einem gelehrten Mönche sich in die größten
Geheimnisse der Sterndeuterei, Goldmacherkunst und höhern
Magie einweihen zu lassen. Faust reiste also ab, und
kam bald darauf wohlbehalten in Frankfurt an. Er suchte
sogleich den Mönch auf, der in großem Ruhme der Ge=
lehrsamkeit stand. Faust war nun sein täglicher Gesell=
schafter, ein unsichtbares Band zog unsern Abenteurer an
ihn, und der biedere Greis half ihm aus manchem Zwei=
fel, und über diejenigen, die er nicht zu heben vermochte,
suchte er ihn zu beruhigen und auf die Zukunft zu
vertrösten. Des frommen Paters Manuscripte wurden
alle durchmustert, wovon eine alte, halb unleserliche Per=
gamentrolle besonders Faust's Aufmerksamkeit zu fesseln
schien. Der Mönch, der dieses wahrnahm, machte seinem

gelehrten Freunde damit ein Geschenk, ohne zu wissen, daß er ihm das gefährlichste Mordgewehr zu seinem Untergange reiche.

Die Rolle enthielt die fürchterlichsten und wirksamsten Beschwörungsformeln, kraft welcher die Teufel aus der Hölle gerufen, und zum gefälligen Dienste der Menschen verbunden werden konnten. Faust eilte mit diesem Funde nach seiner Wohnung, und war höchst entzückt, endlich den Schatz gefunden zu haben, nach welchem er sich so lange vergebens gesehnt hatte.

---

## Siebentes Kapitel.

### Faust's Vorsatz und erster Schritt zur Beschwörung des Teufels.

Es waren einige Wochen verstrichen. Noch schwankte Faust zwischen dem Guten und Bösen. Da erhielt er einen Brief, in welchem seine Frau ihm ihr großes Elend, in welchem sie mit ihren Kindern sich befand, schilderte, und um die schleunigste Hilfe bat, wenn sie nicht mit ihren Kindern des Hungertodes sterben sollte. Diese erschütternde Nachricht war entscheidend. Faust nahm seine Pergamentrolle wieder zur Hand, und untersuchte mit der größten Aufmerksamkeit die darin enthaltenen Beschwörungsformeln. Zwar überlief kalter Schauer seinen Rücken, aber der Gedanke, durch eine Verbindung mit dem Teufel sich und seine Familie zu retten, schoß lebhafter als jemals durch sein Gehirn. Mit heftigen Schritten und

unter fürchterlichen Ausrufungen ging er in seinem Zim=
mer auf und ab, und kämpfte mit seinen inneren aufrüh=
rerischen Kräften. Kühn strebten diese das Dunkel zu
durchbrechen, das uns umhüllt, es bebt sein Geist vor dem
Entschluß; aber nun erwägt der Lüsterne die Befriedigung
der unersättlichen Begierden seines Herzens, die lang ge=
wünschten Genüsse der ganzen Natur gegen die Vorur=
theile der Jugend, die Armuth und die Verachtung der
Menschen. — Schon schwankt die Zunge der Wage. Die
Glocke schlägt eilf auf dem nahen Thurme. Schwarze
Nacht bedeckt die Erde, der Sturm heult aus Norden,
die Wolken verhüllen den Mond, die Natur ist in Auf=
ruhr. — Eine herrliche Nacht, die empörte Einbildungs=
kraft zu verwildern.

Noch schwankt die Zunge der Wage. In dieser
Schale liegen Religion und Furcht vor der Ewigkeit. Die
Gegenschale schlägt sie hinauf, Durst nach Unabhängig=
keit und Wissen, Stolz, Wolluft, Groll und Bitterkeit füllen
sie  Ewige Strafe und Verdammniß schallen nur dumpf
in seiner Seele.

Und nun schritt der Unglückliche zu dem kühnsten,
verwegensten Werke, das ein Mensch unternehmen kann,
und das er schon seit lange im Busen trug. Er zog nach
der Vorschrift der Pergamentrolle den fürchterlichen Kreis,
der ihn auf ewig der Ob = und Vorsicht des Höchsten,
und den süßen Banden der Menschheit entreißen sollte.
Seine Augen glühten, sein Herz schlug, und die Haare
stiegen auf seinem Haupte empor. In diesem Augenblicke
glaubte er seinen alten Vater, sein junges Weib und seine
Kinder zu sehen, die in Verzweiflung die Hände rangen.

Dann sah er sie auf die Kniee fallen, und für ihn zu Dem beten, dem er eben entsagen wollte. „Es ist der Mangel, es ist mein Elend, das sie in Verzweiflung stürzt," schrie er wild, und stampfte mit dem Fuße auf dem Boden. Sein stolzer Geist zürnte der Schwäche seines Herzens. Er drang abermals nach dem Kreise, der Sturm rasselte an seinen Fenstern, die Grundveste des Hauses zitterte.

---

## Achtes Kapitel.

### Faust im Kreise der Beschwörung.

Wild begeistert sprang er in den Kreis hinein, und Klagetöne seines Weibes, seiner Kinder und seines grauen Vaters erschollen in der Ferne: „Ach verloren — ewig verloren!"

Mit schwarzen Tapeten war das ganze Zimmer behangen. Die Decke desselben stellte das Gewölbe des Himmels vor, an dem der Mond mit Millionen Sternen prangte. In jeder Ecke brannte eine Lampe, deren blaues Feuer, aus Schwefel und anderen brennbaren Mineralien erzeugt, das Gemach düster erleuchtete und einen erstickenden, Eckel erregenden Gestank verbreitete. Scheußliche Larven, mit Kränzen von Cypressen umwunden, schmückten die Wände, und in dem gezogenen Kreise lag ein menschliches Gerippe, um welches die zwölf Himmelszeichen angebracht waren. Faust hatte sich zu diesem kühnen schauerlichen Wagestücke auf die erforderliche Art vorbereitet.

Sechs Tage lang war er seinen Freunden unsichtbar ge=
blieben, er enthielt sich von allen Arten des Vergnügens,
floh den Umgang mit dem schönen Geschlechte, und ver=
sagte sich Schlaf und Wein. |

Jetzt stand er im Kreise; die Pergamentrolle in einer,
und den Schlangenstab in der anderen Hand haltend,
neigte er sich dreimal gegen Osten, siebenmal gegen We=
sten, neunmal gegen Süden, blieb mit dem Gesichte gegen
Norden gerichtet stehen, beschrieb mit dem Stabe auf dem
Boden und in der Luft die vorgezeichneten magischen Fi=
guren, und begann Anfangs mit schwacher, dann mit immer
mehr und mehr wachsender Stimme, also:

# 16

Preis und Ruhm sei dem Schöpfer der Natur! von Alpha bis Omega, vom Orient bis Occident! Macht und Kraft den mächtigen Elementen, welche der Stoff aller Körper sind, durch die wir allein Wahrheit, Weisheit, Schätze und den höchsten Genuß irdischer Vergnügungen erlangen. In diese Kraft gehüllt, auf diese Macht gestützt, beginne ich, Johann Faust, im Namen der mächtigen Zahl Drei, im Namen der kräftigen Zahl Neun und im Namen der unüberwindlichen Zahl eilf das große und erhabene Werk der Beschwörung, wovon die Grundveste der Hölle erschüttert werden müsse. Kraft der Macht und Gewalt, welche die Wahrheit über Irrthum und Lüge, die Weisheit über Dummheit und Vorurtheil, Reichthum über Mangel und Dürftigkeit, und wirklicher Genuß über Stumpfheit der Sinne vom ersten Augenblicke des Werkes der Natur besaß, besitzt, und bis zu ihrer Vernichtung besitzen wird, kraft dieser Macht und Gewalt beschwöre ich dich, Luzifer, Fürst aller Fürsten der Finsterniß, kraft dieser Macht und Gewalt sollst du gehalten, gebunden und gezwungen sein, mir, Johann Faust, diesen Augenblick sechs der schnellsten und mächtigsten Geister zu schicken, die im Stande sind, meine Begierden und Wünsche in ihrem Entstehen zu befriedigen. — Vor dieser Wunderkraft soll deine Hoffart zu Schanden stehen, dein Stolz gedemüthiget sein, und wenn du deine Ohnmacht meiner Macht entgegen zu stellen dich je erkühnen solltest, so soll dein Thron unter den Trümmern der Hölle verschüttet, und du selbst neun und neunzig tausend Klafter tief unter ihren Schutt geschleudert werden. — Daß du, Luzifer, Fürst der Hölle, Beherrscher der Verworfenen, dieß Be-

gehren ohne Zaudern und Zögern erfülleſt, dazu ſollſt
du durch den mächtigen, kräftigen und unüberwindlichen
Zauber der Elemente, die dich zu zermalmen vermögen,
beſchworen und bezwungen ſein. Unſchädlich ſollen mir
ſein deine Boten, und unbedingten Gehorſam geloben.

Der erſte durchbreche das Dunkle der Wahrheit,
Der zweite verwandle die Zweifel in Klarheit,
Der dritte verſchaffe mir Silber und Gold,
Der vierte mach' Mädchen und Weiber mir hold!
Der fünfte beſorge den Tiſch und den Becher,
Für muntere Schweſtern und luſtige Zecher!
Der ſechſte ſei Morgens, Mittags und bei Nacht
Auf neues Vergnügen und Freude bedacht!
Und ſind dann im Taumel der Wolluſt die Stunden
Wie flüchtige Nebel des Frühlings verſchwunden,
Und iſt meine Seele dem Körper entfloh'n,
So ſei ſie für euere Mühe der Lohn.

Ungefähr nach einer halben Stunde war das Be=
ſchwörungswerk zu Ende, und Fauſt neigte ſich wie An=
fangs wieder in alle Weltgegenden, beſchrieb mit dem
Zauberſtabe auf dem Boden und in der Luft die magi=
ſchen Figuren, und ſah muthig und voll ungeduldiger
Erwartung der Wirkung ſeines Unternehmens entgegen.
Jetzt erſcholl ein ſtarkes, donnerartiges Getöſe, das ganze
Haus erbebte von einem gewaltigen Stoß, die Lampen
erloſchen und Blitze durchkreuzten das Zimmer. — Aber
Fauſt ſtand unerſchüttert und feſt.

# Neuntes Kapitel.

## Luzifer's-Höllenrath.

Während Fauſt auf der Oberwelt ſeine Beſchwö=
rung des Satans und der Höllengeiſter vornahm, ver=
ſammelte Luzifer, der Herrſcher der Hölle, durch Fauſt's
Verlangen und Bann gerufen, alle ſeine Heerſchaaren. Er
ließ durch Hörnerſchall, der erſchrecklich an der glühenden
Scheibe der Sonne wiedertönte, allen gefallenen Geiſtern
kund thun, daß er heute ſich über einen wichtigen Ge=
genſtand berathen, und zugleich ein großes Freudenfeſt
geben wolle.

Die hölliſchen Geiſter verſammelten ſich auf den
mächtigen Ruf. Schon ertönte das ungeheure Gewölbe
der Hölle von dem wilden Geſchrei der gemeinen Geiſter.
Myriaden lagerten ſich auf dem verbrannten, unfruchtba=
rem Boden. Nun traten die Fürſten hervor und geboten
Schweigen. Die Teufel gehorchten, und eine ſchauder=
volle 'Stille herrſchte durch die dicke Finſterniß, die nur
das Gewinſel der Verdammten unterbrach. Jetzt trat
Luzifer aus ſeinem geheimen Kabinete. Die Sünde,
das ſcheußlichſte Geſpenſt, der Hunger, die Krankheit, die,
Peſt, die Ungerechtigkeit, die Armuth, die Verzweiflung
die Hoffart, der Geiz, die Wolluſt, der Wahn, der Neid
und die Lüſternheit gingen paarweiſe vor ihm her, und
halfen ihm auf den Thron. Nachdem er ſich mit ſtolzer
Miene geſetzt hatte, ließ er ſich alſo vernehmen:

„Seid mir willkommen, ihr mächtigen Fürſten der
Hölle! Wolluſt durchglüht mich, wenn ich über euch

hinblicke. Noch sind wir was wir damals waren, als
wir in diesen scheußlichen Abgrund geschleudert wurden
von dem Ewigen. Ich gestehe, wir haben viel gelitten
und leiden noch, da die Ausübung unserer Kräfte von
dem Unbegreiflichen so sehr beschränkt ist, aber in dem
Gefühle der Rache, die wir an den Menschen nehmen,
in Betrachtung ihrer Laster, wodurch sie uns so ähnlich
werden, liegt Ersatz für dieses Leiden. Vernehmt nun
die Ursache eurer Ladung! Johann Faust, ein kühner
Sterblicher, hadert gleich uns mit dem Schöpfer. Dieß
ist es, was ich euch verkündigen wollte, freuet euch, und
ruft mit mir: „Es lebe Faust!" Unter schrecklichem Ge-
töse, daß die Achse der Erde zitterte, und die Gebeine
der Todten in den Gräbern zusammenrasselten, erscholl
es: „Es lebe Faust! Es lebe Faust!"

Da auf einmal erscholl Faust's mächtige Stimme
von der Oberwelt durch die Hölle. Frohlockend fuhr Luzifer auf: „Es ist Faust, der mich ruft, nur dem Kühnen
konnte es gelingen, nur der Verwegene konnte es wagen,
so gewaltsam an die ehernen Pforten der Hölle zu schla-
gen. Auf! Ein Mann wie er ist mehr werth, als tausend
der elenden Sünder, die auf eine alltägliche Art zur Hölle
fahren." Hierauf wandte er sich zu dem Teufel Mephistopheles: „Dich," sprach er, „den geschmeidigsten Verfüh-
rer, den grimmigsten Hasser der Menschen, fordere ich
auf, hinauf zu fahren, und mir die Seele des Kühnen
durch deine Dienste zu erkaufen. Nur du kannst das gie-
rige Herz, den stolzen, rastlosen Geist fesseln, sättigen und
dann zur Verzweiflung treiben. Fahre hinauf, verjage den
Dunst der Schulweisheit aus seinem Gehirne, senge durch

das üppige Feuer der Wolluſt die edlen Gefühle ſeiner Jugend aus ſeinem Herzen, öffne ihm die Schätze der Natur, treibe ihn haſtig ins Leben, daß er ſich ſchnell überlade. Führe ihn durch die wilden, ſcheußlichen Scenen des Lebens, er verkenne den Zweck, verliere unter den Gräueln den Faden der Leitung und Langmuth des Ewigen. Und wenn er dann abgeriſſen ſteht von allen natürlichen und himmliſchen Verhältniſſen, zweifelnd an ſeiner edlen Beſtimmung, der Sinn der Wolluſt und des Genuſſes in ihm verdampft iſt, er ſich an nichts mehr halten kann und der innere Wurm erwacht, ſo zergliedere ihm mit hölliſcher Beredſamkeit die Folgen ſeiner Thaten, und entfalte ihm die ganze Verkettung derſelben bis auf künftige Geſchlechter. Ergreift ihn dann die Verzweiflung, ſo ſchleudre ihn herunter, und kehre ſiegreich in die Hölle zurück! Lewiathan, Chil, Dilla, Poman und Oron, ihr werdet mit ihm fahren, und meinen getreuen Mephiſtopheles mit eueren Dienſten treulich unterſtützen. Sparet weder Fleiß noch Mühe, den verwegenen Sterblichen bald in das Reich der Finſterniß zu befördern.“

---

## Zehntes Kapitel.
### Erſcheinung der Geiſter.

Fauſt ſtand in ſeinem Zauberkreiſe wild begeiſtert. Zum dritten Male rief er mit donnernder Stimme die furchtbare Formel aus. Die Thüre fuhr plötzlich auf, ein dicker Dampf ſchwebte an dem Rande des Kreiſes,

er schlug mit seinem Zauberstabe hinein, und rief gebie=
tend: „Enthülle dich, dunkles Gebilde!"

Der Dampf floß hinweg, und Faust sah eine lange
Gestalt vor sich, die sich unter einem rothen Mantel
verbarg.

Der Teufel schlug den Mantel zurück, und stand
in erhabener, stattlicher, kühner und kraftvoller Gestalt
vor dem Kreise. Feurige, gebieterische Augen leuchteten
unter zwei schwarzen Brauen hervor, zwischen welchen
Bitterkeit, Haß, Groll, Schmerz und Hohn dicke Falten
zusammengerollt hatten. Diese Furchen verloren sich in

einer glatten, hellen, hochgewölbten Stirne, die mit dem
Merkzeichen der Hölle zwischen den Augen sehr abstach.
Eine feingebildete Adlernase zog sich gegen seinen Mund,
der nur zu dem Genusse der Unsterblichkeit gemacht zu
sein schien. Er hatte die Miene der gefallenen Engel,
deren Angesichter einst von der Gottheit beleuchtet wur=
den, und die seit ihrem Sturze ein düsterer Schleier
deckt. Der linke Fuß verlor sich in eine Kralle.

Fauſt (erstaunt). Wer bist du?

Teufel. Ich bin ein Fürst der Hölle, und komme,
weil dein mächtiger Ruf mich zwingt.

Fauſt. Ein Fürst der Hölle? Wie heißt du?

Geist. Mephistopheles.

Fauſt. Wo sind die Uebrigen, die ich rief?

Meph. Hier sind sie. (Die fünf übrigen Geister
erschienen darauf Fausten als Karrikaturen von Menschen.)

---

## Eilftes Kapitel.

### Wie Fauſt sich über die Eigenschaften der Geiſter erkundigt.

Nachdem Faust sich die Geister betrachtet hatte, be=
gann er sie also zu fragen:

Fauſt. Wohl, daß ihr hier seid! Ich will eure
Geschwindigkeit prüfen. Wie schnell· bist du? und wie
heißt du?

Chil. Ich heiße Chil, das ist in eurer Sprache:
Pfeil der Pest.

Fauſt. Und deine Schnelligkeit?

Chil. Wie die Pfeile der Peſt.

Fauſt. Im Dienſte eines Arztes wärſt du am rechten Platze. Wie nennſt du dich, Zweiter?

Dilla. Ich nenne mich Dilla; denn mich tragen die Flügel der Winde.

Fauſt. Und du, Dritter?

Dron. Mein Name iſt Dron; denn ich fahre auf den Strahlen des Lichtes.

Fauſt. O ihr, deren Schnelligkeit endliche Zahlen auszudrücken vermögen, ihr Elenden! Wie ſchnell biſt du, Vierter?

Poman. So ſchnell, als die Gedanken des Menſchen.

Fauſt. Das iſt Etwas! Aber nicht immer ſind die Gedanken des Menſchen ſchnell. Nicht da, wenn Wahrheit und Tugend ſie auffordern. Wie träge ſind ſie alsdann. Du kannſt ſchnell ſein, wenn du ſchnell ſein willſt, aber wer ſteht mir dafür, daß du es allezeit willſt? (Zum Fünften.) Sag' an, wie ſchnell biſt du?

Lewiathan. So ſchnell, als die Rache des Rächers.

Fauſt. Schnell wäre ſeine Rache? Und ich lebe noch? und ich ſündige noch?

Lewiathan. Daß er dich noch leben, noch ſündigen läßt, iſt ſchon Rache.

Fauſt. Ha! Daß ein Teufel mich dieſes lehren muß! Und du, Mephiſtopheles?

Meph. Unzuvergnügender Sterblicher! wo auch ich dir nicht ſchnell genug bin!

Fauſt. Rede, wie ſchnell?

Meph. Nicht mehr und nicht weniger, als der Uebergang vom Guten zum Böſen!

Fauſt. Ha! Du biſt mein Teufel! So ſchnell als der Uebergang vom Guten zum Böſen! Ja, der iſt ſchnell, ſchneller iſt nichts als der. Weg von hier, ihr Anderen, ihr Schnecken der Hölle, weg, erwartet unſichtbar meine Befehle! Aber warum erſcheinſt du mir unter dieſer Maske? Unter der Geſtalt eines Menſchen? Ich wollte einen Teufel haben, und keinen meines Geſchlechtes.

Meph. Fauſt, vielleicht ſind wir es dann ganz, wenn wir euch gleichen, wenigſtens kleidet uns keine Maske beſſer. Iſt es nicht eure Weiſe das zu verbergen, was ihr ſeid, und das vorzugaukeln, was ihr nicht ſeid?

Fauſt. Eine bittere Wahrheit; denn ſähen wir von Außen ſo aus, wie wir in unſerem Innern ſind, ſo glichen wir oft dem, was wir uns unter euch denken, doch dachte ich dich fürchterlich, und hoffte meinen Muth bei deiner Erſcheinung zu prüfen.

Meph. So denkt ihr euch alle Dinge anders als ſie ſind. Wenn ich dir erſchiene wie ich bin, die Augen wie drohende Kometen, einherſchwebend wie eine ſchwarze Wolke, die Blitze aus ihrem Bauche ſchleudert, das Schwert in der Hand, das ich einſt vermeſſen gegen den Allgewaltigen zog, den ungeheuern Schild an dem Arme, den ſein Donner zerſchmettert hat, du würdeſt in dem Kreiſe zu Aſche werden.

Fauſt. Nun, ſo hätte ich doch einmal etwas Großes geſehen!

Meph. Dein Muth würde mir gefallen, aber nie seid ihr kleiner, als wenn ihr euch Riesen zu sein dünkt.

Faust. Spötter! Und was ist der Geist in mir, der, wenn er einmal den Fuß auf die Leiter gesetzt hat, von Sprosse zu Sprosse bis ins Unendliche steigt? Wo ist seine Grenze?

Meph. Vor deiner Nase, doch, wenn du mich dieses Schnickschnacks wegen aus der Hölle gerufen hast, so laß mich immer wieder abziehen! Ich kenne schon lange eure Kunst, über das zu schwatzen, was ihr nicht versteht.

Faust. Deine Bitterkeit gefällt mir, sie stimmt zu meiner Lage, ich muß dich näher kennen lernen.

Meph. Nun so rede, was verlangst du von mir?

Faust. Verlangen? Wenn du bist, was du scheinen willst, so führe meine Begierden in ihrem Keime aus, und befriedige sie, ehe sie Willen geworden sind.

Meph, Faust! — Ich bin ein Geist aus flammendem Lichte geschaffen!

Faust. Und doch mußt du mir dienen, wenn mir's gefällt.

Meph. Dafür erwarte ich Lohn und den Beifall der Hölle, der Mensch und der Teufel thun beide nichts umsonst.

Faust. Welchen Lohn erwartest du von mir?

Meph. Ein Ding aus dir gemacht zu haben, das mir gleicht, wenn du die Kraft dazu hast. Nun so rede! Fasse dich kurz und erkläre, was du von mir verlangst.

Fauſt. Sieh' mich an, und ſage mir, was dich mein Geiſt fragt, das, was ich nicht zu ſagen wage. (Bei dieſen Worten deutete er auf ſich, dann gegen den Himmel, und machte eine Bew... ... ſeiner Zau=berruthe gegen Auf= und Niedergan . Sonne, dann fuhr er fort). Du hörſt den Sturm toben, warſt — da die Natur noch ſchlummerte. (Hier deutete er auf ſeine Bruſt und Stirne). Hier iſt's Nacht, laß mich Licht ſehen.

Meph. Verwegener! Ich verſtehe deinen Willen, und ſchaudere vor deiner Kühnheit, ich, ein Teufel.

Fauſt. Elender Geiſt, du windeſt dich mit dieſer Ausflucht nicht los. In meinem glühenden Durſte würde ich es unternehmen, das ungeheure Meer auszutrinken, wenn ich in ſeinem Abgrunde das zu finden hoffte, was ich ſuche. Ich bin dein, wenn du dieß Begehren er=füllſt — noch ſteh' ich da, wohin kein Teufel dringen kann, noch iſt Fauſt ſein Herr.

Meph. Das warſt du vor einem Augenblick noch. Dein Los iſt geworfen, war geworfen, da du dieſen Kreis betratſt. Wer in mein Angeſicht geblickt hat, fehrt umſonſt zurück.

Fauſt. Reden ſollſt du, und die dunkle Decke wegreißen, die mir das Licht verbirgt. Ich fordere Ge=horſam!

Meph. Unzubefriedigender! Nun ſo wiſſe, daß auch die Teufel ihre Grenzen haben. Seitdem wir ge=fallen ſind, haben wir die Vorbildung der Geheimniſſe, bis auf die Sprache, ſie zu bezeichnen, verloren. Nur die unbefleckten Geiſter vermögen ſie zu denken und zu beſiegen.

Faust (rasch). Glaubst du mich durch eine listige Wendung in dem zu täuschen, wornach mein Gaumen so lüstern ist?

Meph. Gerätlicher! Um mich an dir zu rächen, wünsche ich dir mit den glänzenden Farben des Himmels das zu schildern was du verloren hast, und dich dann der Verzweiflung zu überlassen. Wüßte ich auch mehr, als ich weiß, kann die Zunge, aus Fleisch gebildet, dem Ohre aus Fleisch gebildet, faßlich machen, was außer den Grenzen der Sinne liegt, und der körperlose Geist nur begreift?

Faust. So sei Geist und rede! Schüttle diese Gestalt ab!

Meph. Wirst du mich dann vernehmen?

Faust. Schüttle diese Gestalt ab! Ich will dich als Geist sehen.

Meph. Nun, so sieh' mich — ich werde sein, und dir nicht sein, ich werde reden, und du wirst mich nicht verstehen.

Nach diesen Worten zerfloß der Teufel Mephistopheles in eine helle Flamme, und verschwand.

Faust. Rede, und enthülle die Räthsel.

Wie der sanfte West über die beblümte Wiese hinstreicht, und die holden Blüthen leise küßt, so säuselte es an Faust's Stirne und Ohren. Dann verwandelte sich das Säuseln in ein steigendes, anhaltendes, rauschendes Rasseln, das dem rollenden Donner, dem Zerschlagen der Wogen an der Brandung, dem Geheule und Gesause in den Felsenklüften glich. Faust sank in seinem Zauberkreise zusammen, und erholte sich endlich wieder.

Fauſt. Ha, iſt dieß die Sprache der Geiſter?
Nun, ſo verſchwindet mein Traum, ich bin getäuſcht,
und muß in der Finſterniß knirſchen. So hätt' ich dann
meine Seele nur um Wolluſt und Gold verkauft; denn
dieß iſt ja Alles, was mir dieſer Wicht der Hölle lei=
ſten kann. Erleuchtet, wie nie Einer war, gedachte ich
unter die Menſchen zu treten, und ſie mit meinem Glanze
zu blenden, wie die aufgehende Sonne. — Der ſtolze
Gedanke, ewig in den Herzen der Menſchen zu leben,
iſt hin, und ich bin elender als ich war.

Meph. (in ſeiner vorigen Geſtalt). Nun, ich
ſprach, und du vernahmſt den Sinn meiner Worte nicht.
Fühle nun, was du biſt, zur Dunkelheit geboren, ein
Spiel der Zweifel. Dir kann nicht werden was dir
nicht werden ſoll. Ziehe deinen Geiſt von dem Unmög=
lichen ab, und halte dich an das Faßliche. Du wollteſt
die Sprache der Geiſter vernehmen, haſt ſie vernommen,
und ſankſt betäubt hin unter ihrem Schall. Ich will
dich auf die Bühne der Welt führen, und dir die Men=
ſchen in ihrer Blöße zeigen. Laß uns reiſen zu Waſſer,
zu Land, zu Fuß, zu Pferde oder auf den Flügeln des
Windes, und das Menſchengeſchlecht muſtern!

Fauſt. Wohlan! Ziehen wir durch die Welt!
Ich muß mich durch Genuß und Veränderung betäuben.
Längſt habe ich mir einen weiteren Kreis zum Bemer=
ken gewünſcht, als mein eigenes tolles Herz.

Meph. Ich will dir den Becher des Genuſſes
voll und rauſchend füllen, ſo wie er noch keinem Sterb=
lichen gefüllt wurde. Zähle den Sand am Meere, dann
magſt du die Zahl der Freuden zählen, die ich dir auf=

tiſchen werde. Und ſollte ich außer Stande ſein, dich zu ſättigen, dann will ich dir den Bundbrief zurück= geben, den du heute mit deinem Blute unterzeichnen wirſt, dann magſt du zurückkehren zur Armuth und Verachtung, und zu deiner nüchternen Philoſophie!

Fauſt. Du willſt mich mit anderer Münze be= zahlen, als ich bezahlt zu ſein wünſche? Ich verlange Licht im Dunkel. Ich verlange Aufſchluß über meine Zweifel.

Meph. Dieſe wird dir Leviathan gewähren, ſo fern es ſeine Grenzen erlauben.

Fauſt (unwillig). Ihr Ohnmächtigen! Aber Schätze und Gold?

Meph. Sollſt du haben, ſo viel du verlangſt.

Fauſt. Welcher der unſichtbaren Geiſter, die hier mich umgeben, vermag meinen Golddurſt zu löſchen?

Dron (erſcheint). Ich — ich will alle Gold= minen der Erde erſchöpfen, um deine Habgierde zu befriedigen.

Fauſt. Wohl — ſo verſchaffe mir dann der Schätze ſo viel, als ich bedarf, alle Geizhälſe und Wucherer zu ſättigen.

Dron. Dein Befehl ſei erfüllt!

Und ſchon ſtand eine Kiſte mit neu geprägten Goldſtücken und den koſtbarſten Inwelen vor dem Kreiſe.

Fauſt. Und welcher der Uebrigen vermag das Feuer der Wolluſt in dem Herzen keuſcher Weiber und Mädchen in lichte Flammen anzufachen?

Chil. Der bin ich — in dieſer Kunſt über=

treffe ich alle Gelegenheitsmacher der Erde. Ich bin meines Sieges gewiß. (Er verschwindet.)

Faust. Eine wohlbesetzte Tafel mit niedlichen und kostbaren Speisen und Getränken für mich und meine Gäste, wer aus euch wird diese besorgen?

Dilla. Darin hoffe ich reinen Beifall zu erhalten.

Faust. Nun, so thue, was deines Amtes ist.

Poman. Auch ich erwarte deine Befehle, mächtiger Gebieter!

Faust. Dein Geschäft sei, Eckel und Ueberdruß aus meinem Herzen zu verscheuchen, die schlummernden Begierden nach Genuß in mir aufzustören, die stumpfen Sinne zu schärfen, und jede Stunde meines Lebens durch neue Erfindungen und Reize zur Wolluft, zu einem Feste zu machen.

Poman. Dir in Allem zu willfahren, will ich vergessen, daß ich ein Teufel sei, und eher tausend Seelen von der Pforte der Hölle warten, als deinen leisesten Wunsch unerfüllt lassen.

Meph. So wären denn die Rollen alle zu dem glänzenden Schauspiele ausgetheilt, das ein Sterblicher je hienieden zu spielen unternahm!

Faust. Sie sind es! der Vorhang werde aufgezogen!

Meph. So bald du aus dem Kreise bist. Tritt heraus!

Faust. Ha! welcher Abgrund öffnet sich meinen Augen?

Meph. Tritt aus dem Kreise, und beginne eine Bahn, die noch keiner der Söhne des Staubes begann!

Fauſt. Die Wuth des Löwen brüllt aus mir, und wenn ſich unter meinem Fuße die Hölle öffnete, — ich ſpringe über die Grenzen der Menſchheit. (Er ſpringt aus dem Kreiſe.) Ich bin dein Herr.

Meph. So lange deine Zeit rollt. Ich faſſe einen großen Mann an der Hand, und bin ſtolz dar=auf, ſein Diener zu ſein.

---

## Zwölftes Kapitel.

### Wie Mephiſtopheles ſich bei Fauſt vor der Welt einführt.

Den folgenden Morgen nach der Beſchwörung und Unterredung mit den Geiſtern kam der Teufel Mephiſtopheles in dem Gepränge und mit dem Gefolge eines großen Herrn, der incognito reiſet, vor Fauſt's Gaſt=hof an. Er ſtieg von ſeinem prächtig gezierten Pferde, und fragte den Wirth, ob der große Mann Fauſt bei ihm wohnte. Der Wirth beantwortete die Frage mit einer tiefen Verbeugung und führte ihn ein. Mephiſtopheles trat zu Fauſten, und ſagte zu ihm in Gegenwart des Wirthes:

„Sein Ruhm, ſein großer Verſtand und ſeine ſeltene Gelehrſamkeit hätten ihn bewogen, einen weiten Umweg auf ſeiner Reiſe zu machen, um einen ſo merk=würdigen Mann, den die Menſchen, vermöge ihres Blödſinnes, verkannten, genau kennen zu lernen, und ſich, wenn es ihm gefiele, ſeine Begleitung auf ſeiner vorhabenden großen Reise in fremde Länder auszubitten. Er mache ihn übrigens ganz zum Herrn der Bedingungen; denn er könnte seine Gesellschaft nicht zu theuer erkaufen."

Fauſt ſpielte ſeine Rolle in dem Sinne des Teufels, und der Eigner des Gaſthofes eilte hinaus, den Vorfall dem ganzen Hauſe bekannt zu machen. Das Gerücht breitete ſich ſchnell in ganz Frankfurt aus. Jung und alt, Groß und Klein, Arm und Reich war begierig, den Wundermann zu ſehen. Die vornehmſten Damen der Stadt machten ihm ihre Aufwartung, und der Rath fertigte ſogar eine Deputation an ihn ab, um ihn in ihren Mauern zu bewillkommen. Fauſt empfing die Geſandtſchaft wie es ziemte, und nahm die Einladung zu einem Gaſtmahle an, welches der Bürgermeiſter ihm zu Ehren veranſtalten würde. Die Geſandten gingen mit frohen Geſichtern nach Hauſe und wurden mit großer Freude empfangen. Indeſſen ſchlug die Glocke zur Mahlzeit. Fauſt und Mephiſtopheles ſetzten ſich auf prächtig geputzte Pferde und ritten, von einem großen Gefolge begleitet, an das ſich ein langer Zug gaffenden Pöbels hing, nach dem Hauſe des Bürgermeiſters. Sie traten in den Verſammlungsſaal, und wurden von dem Eigner des Hauſes ſowohl als auch von den anweſenden Gäſten mit ausgezeichneter Hochachtung aufgenommen. Der Frau des Hauſes war Fauſt's Blick ſo wenig entgangen als ſeine ſchöne männliche Geſtalt und ſein geiſtvolles Geſicht. Sie erröthete augenſcheinlich, da er ſie bewillkommte, und ihr einige Galanterien ſagte, aber ſie mußte in dieſer Verlegenheit ſich durch nichts Anderes, als einen Blick voll Verwirrung zu helfen, den Faust's Herz begierig verschlang.

Voll guter Laune setzten sich nun die Geladenen zu Tische, der mit den ausgesuchtesten Speisen und köstlichsten Getränken besetzt war, und schmausten. Witz und Scherz würzten das verschwenderische Mahl; besonders wußte unser Held durch seine launigen Einfälle die Aufmerksamkeit der Gäste auf sich zu ziehen, und die Herzen der Damen zu fesseln. Alle waren von seinem schlanken Wuchse, von seiner regelmäßigen Bildung, am meisten aber von seiner schön gewölbten Nase und seiner ausschweifenden Munterkeit bezaubert. Jeder seiner freundlichen Blicke ward ihm mit dem gefälligsten Lächeln vergolten, vorzüglich suchte die schöne Bürgermeisterin seine Schmeicheleien ihm mit reichen Zinsen zu erwidern; denn der Wollustteufel hatte in ihrem Busen die Lust zur Sünde zur hellen Flamme angefacht, und sie war unermüdet geschäftig, ihrem vornehmen Gaste das eingesogene süße Gift durch alle erdenklichen Kunstgriffe der Koketterie mitzutheilen. Jetzt war die Tafel geendet, die Geladenen standen auf, und Faust, der zu leben wußte, schlug der Gesellschaft einen Spaziergang in dem Hausgarten vor.

---

## Dreizehntes Kapitel.
### Wie Faust den Frankfurtern einen Schabernack spielt.

Jedermann erstaunte über den sonderbaren Einfall; denn es war im Eismond, und weit und breit lag die

Erde in ihrer Wintertracht gehüllt; doch war man so gefällig, seinem Wunsche zu willfahren; aber welche Verwunderung, welches Staunen ergriff die Sinne aller Anwesenden, da sie die Natur im jugendlichen Reize des Frühlings erblickten. Tulpen und Hyazinthen, Veilchen und Rosen standen im schönsten Flor. Einige Obstbäume blühten, andere waren mit reifen Früchten behangen, und säuselnde Westwinde verbreiteten die aromatischen Düfte der Jasminstauden und Nachtschattenhecken durch den ganzen Garten. Der Tag glich dem schönsten im Mai, keine Wolke trübte den Himmel, und das süße Gemurmel der rieselnden Quelle lud den Lustwandler zum erquickenden Schlummer. Die Nachtigallen und Grasmücken ließen sich im Gebüsche hören, und die fröhlichen Schwalben schwirrten hoch in der Luft um den Klosterthurm. Die Gesellschaft wähnte in einem Paradiese zu sein, und jeder war im Genusse dieses unerwarteten Schauspieles selbst sehr versunken, als daß er darauf hätte achten können, was außer seinem Kreise vorging. Faust nützte die Augenblicke der Betäubung, er wandelte am Arme der schönen Dame aus einer Allee in die andere, plötzlich umfloß ihn eine undurchdringliche Wolke, wie sie einst den Donnerer und seine Juno umfloß, und bald fanden sich beide wieder unbemerkt bei der Versammlung ein. Als der erste Rausch des Staunens vorüber war, machte man Fausten und seinen kunstreichen Talenten von allen Seiten die schmeichelhaftesten Komplimente, und weil dieser Weihrauch seiner Eitelkeit behagte, so beschloß er bei sich, der Gesellschaft ein noch anderes Kunststück zu machen.

In dieser Absicht führte er den Bürgermeister, dessen Gattin und die übrigen Gäste an ein Rebengeländer, an dem die saftigsten Trauben hingen, und gab jedem ein Messer, sich eine reife Traube abzuschneiden, aber plötzlich nahm er die künstliche Täuschung hinweg, und da ergab es sich dann, daß jeder Gast seine eigene Nase statt der Traube gefaßt hatte und im Begriffe stand, sie abzuschneiden. Einige der Anwesenden waren wirklich in ihrem Eifer, in der Mitte des Winters frische Trauben zu essen, so weit gegangen, daß sie statt diesen ihre abgeschnittenen Nasen in den Händen hielten, bei andern, die nicht so heißhungrig zu dem Werke schritten, hingen sie noch an schwachen Fasern, und die am letzten nach der reizenden Frucht gegriffen und so eben ihr Messer angesetzt hatten, bei diesen waren die Einschnitte, die sie in die Stiele der Trauben anbrachten, an ihren Nasen zu sehen. Ein durchdringendes Geheul erfüllte die Luft, und kein Pinsel ist im Stande, den Schmerz, die Verwirrung und die Verlegenheit zu malen, die auf allen Gesichtern eingedrückt war. Die Damen, welche beinahe alle ihre Nasen in den Händen trugen, liefen ängstlich in dem Garten herum, die süßen Herren, die nicht viel weniger lüstern und nahe an den Damen waren, drückten ihre herabhängenden Reste an das Gesicht, und die, welchen sie noch unverletzt zwischen den Augen stand, fürchteten aus dem häufig herabquellenden Blute ein gleiches Schicksal — den unvermeidlichsten Tod.

Faust und Mephistopheles standen unsichtbar in einem Winkel des Gartens und lachten über den komi-

ſchen Schwank. — Kein Anblick konnte grotesker ſein,
und als ſich die Frühlingsſcene wieder in den wirk=
lichen Winter verwandelt hatte, eilte Alles nach Hauſe,
um den abgeſchnittenen, herabhängenden und blutenden
Naſen zu Hilfe zu kommen. Alle Aerzte und Wund=
ärzte der Stadt hatten vollauf zu thun. Einigen
wurden die Naſen durch zuſammenziehende und theure
Pflaſter angeheftet, Andern die herabhängenden mit gol=
denen Fäden aufgenäht, und die Verwundeten wurden
mit den köſtlichſten Salben beſtrichen. Jeder Quack=
ſalber, jeder Bartſcheerer bekam dieſen Abend Gelegen=
heit, ſeine Kunſt zu zeigen und den Beutel zu füllen.
Nachdem die Naſenoperation allenthalben vollendet und
die lüſternen Näſcher und Näſcherinnen in einen be=
haglichen Schlaf voll banger Erwartung geſunken wa=
ren, hatte auch der Spuck ein Ende, und Alle erwach=
ten und ſtanden des Morgens mit wohlbehaltenen Naſen
auf. Die einzige Frau Bürgermeiſterin, die zwar auch
wieder eine geſunde Naſe, aber kein geſundes Gewiſ=
ſen hatte, blieb von dieſer Zeit an düſter, und welkte,
für alle Freuden des Lebens unempfänglich, langſam,
wie eine Blume aus Mangel der Nahrung dahin.

. Mephiſtopheles und Fauſt fuhren jetzt über die
Stadtmauern hinweg, und als ſie ſich auf dem flachen
Felde befanden, ſandte Erſterer einen Geiſt nach dem
Wirthshauſe, die Rechnung zu berichtigen und Fauſten's
Geräthſchaften zu bringen.

# Vierzehntes Kapitel.

## Fauſt's Ankunft bei ſeiner Familie.

Mit dem erſten Morgen langten unſere Reiſenden in Mainz an und ſtiegen bei Fauſt's Wohnung ab. Sein junges Weib fiel ihm mit einem hellen Freuden=geſchrei um den Hals, herzte und küßte ihn, und brach dann in wehmüthige Thränen aus. Die Kinder hingen ſich an ſeine Knie und durchſuchten begierig ſeine Taſchen. Der alte graue Vater nahte ſich ihm mit zitternden Füßen und reichte dem Sohne traurig die Hand. Fauſt's Herz bewegte ſich, er fühlte ſeine Augen naß und bebte, und ſah zornig nach dem Teufel. Als er ſeine Gemalin fragte, warum ſie weinte, antwortete ſie ſchluchzend: „Ach ſieh doch, Fauſt, wie die Hungrigen in deinen Taſchen nach Brot ſuchen, wie kann ich dieſen Jammer ohne Thränen anſehen! Die Armen haben lange nichts gegeſſen, wir waren ſo unglücklich, aber nun, da ich dich wieder ſehe, iſt mir, als erblickte ich das Angeſicht eines Engels. Ich und dein grauer Vater haben noch mehr um dein als um unſertwillen gelitten. Wir hatten ſo fürchterliche Träume und Erſcheinungen. Wenn ſich meine von Thränen müden Augen ſchloſſen, ſah ich dich gewaltſam von uns geriſſen, und Alles war ſo finſter und ſchreckend."

Fauſt. „Dein Traum, meine Liebe, geht eines Theils in Erfüllung. Denn ſieh, dieſer vornehme Ka=valier will die Verdienſte deines Mannes belohnen, den ſein hartes Vaterland verkannte und verſtieß. Ich habe mich ihm verbunden, als Gesellschafter eine lange und weite Reise mit ihm zu machen."

Hierauf winkte er dem Teufel, der einen Diener hereinrief, welcher bald darauf einen schweren Kasten hereinschleppte. Faust öffnete denselben und warf einen schweren Sack voll Gold auf den Tisch. So wie er diesen aufmachte, und das Gold schimmerte, verbreitete sich Heiterkeit über die traurigen Gesichter. Jetzt zog er prächtige Stoffe und Kleinodien hervor und über= reichte sie seinem Weibe. Die Thränen verschwanden, die Eitelkeit leckte sie weg, wie die Sonnenhitze den Thau, und Munterkeit ergoß sich über das Angesicht der jungen Gattin. Mephistopheles lächelte und Faust murrte in seinen Bart: „O Zauber des Goldes! Magie der Eitelkeit! Ich kann nun wegreisen, ohne daß es andere Thränen, als Thränen der Verstellung kosten wird. Sieh, Weib," sprach er, „dieß sind die Früchte mei= ner Reise." Aber die junge Frau hörte nichts, sie stand mit ihren Stoffen, Kleidern und Kleinodien vor dem Spiegel und versuchte, wie sie diese Herrlichkeiten er= höhen würden. Die kleinen Mädchen hüpften um sie herum, nahmen die Putzstücke, die sie weglegte, und ahmten die Mutter nach. Indessen brachte ein Diener ein volles Frühstück, die Kleinen fielen gierig darüber her und schrien und jauchzten, nur die Mutter allein hatte den Hunger vergessen.

Der alte Faust schlich sich zu seinem Sohne, und raunte ihm leise ins Ohr: „Hast du dieß Alles auf eine redliche Art erworben, so laß uns Gott danken, mein Sohn, und des Bescheerten genießen. Ich habe seit einigen Nächten schreckliche Gesichter und Ahnungen gehabt, doch ich hoffe, sie kommen von unserem Kummer."

Diese Bemerkung des Alten wollte tief in Faust's Seele sinken, aber die Freude, seine Kinder so gierig und vergnügt essen zu sehen, zu bemerken, wie freundlich und dankbar sein ältester Sohn und Liebling nach ihm blickte, der Gedanke, ihrem Elende abgeholfen zu haben, der Mißmuth über das Vergangene, und der innere Zug nach Genuß dämpften die Aufwallung.

Der Kavalier legte noch eine beträchtliche Summe zu dem Golde, beschenkte die junge Frau mit einem edlen Halsschmuck, gab jedem der Kinder eine Rolle voll Goldstücke und versicherte die Familie, er würde Faust reich, gesund und glücklich zurückbringen. Und nun zogen sie wieder fort in die weite Welt, vorerst aber nach Wittenberg.

## Fünfzehntes Kapitel.

### Von Doktor Faust's Hund, Prästigiar genannt.

Als Faust wieder Geld genug hatte, kamen die Studenten und lustigen Brüder wie früher zu ihm. So war auch ein Graf von Isenburg, der sich des Studierens wegen zu Wittenberg aufhielt, und mit Doktor Faust von früher in guter Bekanntschaft stand, sehr oft bei ihm. Eines Tages kommt auch der Graf mit noch anderer Gesell-

schaft zu Faust, wird sehr freundlich empfangen, stattlich
bewirthet und es ist kein Mangel an Speisen und Geträn=
ken. Aber keiner von Allen kann sehen, woher die Mahl=
zeit kommt, da kein Diener aufträgt, obwohl immer wie=
der neue Speisen auf dem Tische stehen; insonderheit
gibt der Graf Isenburg darauf Acht. Da sieht der
Graf, daß ein großer, schwarzer, zottiger Hund neben
Faust liegt, zu welchem er nur ein Wort redet, so wie
es an Etwas gebricht. Darauf geht der Hund zur Thür
hinaus, welche sich von selbst aufthut, und sogleich steht
das Verlangte auf dem Tische. Da Faust sieht, daß
der Graf solches bemerkt, lächelt er hierüber und
fragt ihn, wie ihm der Hund gefiele. Darauf antwor=
tete der Graf, daß er ihn wohl noch einmal sehen
möge. Alsbald ruft Faust dem Hunde. Der kommt,
springt auf die Bank und sieht sich in der Gesellschaft
um. Da erschrak aber Jedermann, denn seine Augen
waren wie ein paar glühende Kohlen und ganz gräu=
lich anzusehen, und obwohl er schwarzzottig war, so
schien es doch, so oft Faust mit der Hand über seinen
Rücken fuhr, als ob Funken heraus sprühten.

---

## Sechzehntes Kapitel.

**Wie Faust drei junge Freiherren auf ihr Begehren
nach München zum fürstlichen Hoflager auf seinem
Mantel brachte.**

Es studierten im Jahre 1525 drei junge Frei=
herren zu Wittenberg, sammt ihrem Hofmeister. Als

sie nun erfahren hatten, daß mit Nächstem das churfürstlich baerische Beilager in München sollte gehalten werden, wozu denn bereits schon allerhand erdenkliche Zubereitung mit Pomp und Pracht wäre gemacht worden, ging ihnen dieses mächtig zu Herzen und sie waren sehr begierig, etwas von solchem zu sehen. Deßhalb redeten sie mit einander und wußten nicht, wie die Sache anzugreifen sei. Da nahm Einer das Wort und sprach: „Ihr lieben Vettern, wenn ihr mir folgen wolltet, so wüßte ich wohl zu diesem Handel einen guten Rath, wo wir weder Sattel noch Pferde dazu bedürfen und nichtsdestoweniger wieder bald und unvermerkt in unserer Wohnung sein können." Dieses Vorschlages erfreuten sich nun die Andern sehr und begehrten, er solle ihnen seinen Rath eröffnen, worauf er sodann antwortete: „Euch ist wohl bewußt, wie Doktor Faust allhier, als ein besonderer Freund und guter Gönner der Studenten, uns, die zu verschiedenen Malen viel Kurzweil und Ergötzlichkeit in seiner Behausung genossen haben, wohlwollend und gewogen ist, auch was er zuwege bringen und vermittelst seiner in stillem Geheim gehaltenen Magie verrichten kann; unser Verlangen nun, das churfürstliche Beilager zu sehen, wollen wir ihm vortragen und ihn freundlich darum ansprechen, uns in unserm Vorhaben behilflich zu sein."

Die beiden Anderen gaben ihre Zustimmung. Sie ließen demnach den Doktor Faust zu einem Becher Wein einladen, und nach einem kleinen Umtrunk trugen sie ihm ihr Verlangen und ihre Bitte vor. Doktor Faust wil=

ligte alsbald ein, sagte ihnen aber, daß sie es ja ge=
heim halten möchten.

Den Abend vor dem Tage, an dem das fürst=
liche Beilager seinen Anfang nehmen sollte, berief Doktor
Faust die drei Freiherren zu sich in seine Wohnung und
befahl ihnen, sie sollen sich auf's Schönste ankleiden.
Darauf sagte er zu ihnen: er wolle sie in kurzer Zeit
nach München bringen, aber sie müßten ihm zusagen,
daß keiner von ihnen während der ganzen Reise auch
nur ein Wort reden wolle, obschon sie in den Palast
kommen und gefragt werden würden. Wären sie Solches
zu thun bereit, so wolle er sie ohne alle Gefahr hin=
und zurückbringen; spräche aber nur Einer ein Wort,
so könne er für keine Gefahr stehen. Alle drei sagten
ihm denn dieses zu.

Vor Tages nun richtete Doktor Faust seine Fahrt
zu und breitete seinen Mantel über ein Beet im Garten
an seinem Hause, setzte die drei jungen Barone darauf
und sprach ihnen noch einmal Trost zu, sie sollten un=
erschrocken sein und sich nicht fürchten, so würde er sie
bald an den bestimmten Ort bringen. Und siehe, da
erhebt sich alsbald ein Wind, der schlägt den Mantel
zu, daß sie sammt dem Faust darin verborgen lagen;
der Wind hebt den Mantel und sie fahren in des Teufels
Namen (da Faust ihn beschworen hatte) durch die Luft.
Noch ehe es anfing, ganz Tag zu werden, waren sie schon
in dem Vorhofe des churfürstlichen Palastes zu München,
ohne daß Jemand bemerkt hatte, auf welche Weise sie da=
hin gekommen waren. Wie sie sich nun dem Palaste nä=
hern und der Hofmarschall sie wahrnimmt, kommt er

ihnen entgegen, empfängt sie als Fremde und macht ihnen eine Reverenz nach der andern. Seiner Anordnungen für den Tag waren aber noch viele; er ließ sie daher durch etliche Hofjunker in den großen Saal führen, der für die Gäste bestimmt war. Den Marschall aber sowohl als die Hofjunker wunderte es höchlich, daß diese fremden Herren auf keine Frage antworteten, sondern blos immer stumme Verbeugungen machten. Der Kirchenzug und die Trauung und alle anderen Festlichkeiten gingen den Tag über vorbei, ohne daß auch nur einer der drei jungen Herren ein Wort gesprochen hätte, so kam es, daß man sich beim herannahenden Abend zur Tafel setzte.

Nachdem nun die fürstlichen Personen Platz an der Tafel genommen hatten, wurde auf Befehl des Churfürsten das Handwasser in silbernen Handbecken herumgegeben. Wie solches nun zu einem der drei jungen Herren kommt, vergißt er sich und sagt höflich: Er bedanke sich bestens für die ihm bewiesene große Ehre. Nun ist noch zu bemerken, daß Faust ihnen gesagt hatte, wenn er zweimal sprechen würde: „Wohlauf, wohlauf!" so sollten sie sogleich nach dem Mantel fassen, worauf er mit ihnen die unsichtbare Rückfahrt antreten würde. Wie nun kaum der obige junge Freiherr ausgesprochen hatte, sagte Faust die zwei Worte, worauf die andern Beiden plötzlich mit ihm verschwanden und den Unbesonnenen ganz erschrocken zurückließen.

Es war schon früher Jedermann aufgefallen und dem Fürsten bekannt worden, daß die fremden vier Herren kein Wort gesprochen; jetzt nun vollends, wo drei von ihnen plötzlich vom Tisch ohne das geringste Geräusch verſchwanden und den vierten zurückließen, glaubte Jeder, ſie wären Zauberer oder Hexenmeiſter.

Der Churfürſt ließ ihn alsbald ausforſchen und fragen, wer er und die Andern wären, er aber bedachte wohl, wenn er den ganzen Verlauf der Geſchichte erzäh= len und dadurch ſeine Vettern verrathen würde, daß dieſes gar bald ihre Eltern erführen und es ihnen nur zur Schande gereichen könnte, weßwegen er denn auch ganz ſtill ſchwieg und auf Befehl des Churfürſten an einen verwahrten Ort gebracht wurde. Er tröſtete ſich damit, daß ſeine Vettern den Doktor Fauſt gewiß bitten und ihn dahin bringen würden, daß er ihn aus ſeiner Gefan= genſchaft befreie. Und ſo kam es denn auch wirklich! Ehe denn der Tag wieder anbrach, kam Doktor Fauſt vor das Gefängniß, welches aber Etliche von der fürſt= lichen Leibgarde bewachten. Fauſt bezauberte ſie, gleich als ob ſie in einem tiefen Schlafe lägen, öffnete die Riegel und Schlöſſer, ſchlug ſeinen Mantel um den jun= gen Baron, welcher eingeſchlafen war und brachte ihn ſo unvermerkt nach Wittenberg. Als er erwachte, war er wieder wohlbehalten bei ſeinen beiden Vettern daheim.

# Siebenzehntes Kapitel.

### Wie Faust ein andermal zu Leipzig auf einem großen Faße aus Auerbach's Keller reitet.

Als Faust in Wittenberg war und die Zeit der Leipziger Messe kam, wollten mehrere von Fauſt's guten Freunden dahin kommen, ohne viel Geld auszugeben. Sie baten daher Fauſt, ſie vermittelſt ſeiner Kunſt nach Leipzig zu ſchaffen.

Das bewilligte Fauſt ohne Anſtand. Er bewirkte, daß am andern Tag draußen vor der Stadt ein mit vier Pferden beſpannter Wagen ſtand; die Herren ſaßen getroſt auf und fuhren in ſchnellem Laufe dahin. Noch vor Abend kam die Geſellſchaft zur großen Verwun=derung Aller in Leipzig an.

Wenn Fremde in eine Stadt kommen, ſo beſehen ſie zuerſt, was merkwürdig darin iſt. Das that alſo die Reiſegeſellſchaft gleich am folgenden Tag. Als Fauſt mit den Studenten wieder in ſeine Herberge zurückging, da nahmen ſie wahr, wie eben die Weinſchröter ein Faß Wein von ſieben bis acht Eimern aus einem dem Wirthshaus gegenüberliegenden Keller ſchroten wollten, ſie waren es aber nicht im Stande, ſo ſehr ſie ſich auch Mühe gaben, als ſich noch Mehrere zur Hülfe einfanden.

Fauſt ging mit ſeinen Kumpanen hin und ſah lange dem Treiben der Weinſchröter zu, wie ſie ſich ſo gar abmüheten, das Faß aus dem Keller zu bringen, und es ihnen doch nicht möglich wurde. „Ihr miſerabeln Burſche," begann er endlich mit ſpöttiſchem Tone, „ſeid Euer ſo viele und könnt ein ſolches Faß nicht zwingen; sollte es doch wohl Einer allein können, wenn er sich gescheidter anstellen wollte."

Das war den Schrötern eine harte Rede, und sie ließen sie nicht unerwidert, sondern gaben sie mit viel gröberen Worten heim, zumal da sie wenig nach dem Doktor und seinen Gesellen fragten, deren sie ja keinen kannten. „Ihr Grobian und Maulaffe," so titulirten sie den Doktor, „wenn Ihr besser wisset mit solchem Faß umzugehen und es aus dem Keller zu schaffen, so thut Ihr es in des Teufels Namen, statt daß Ihr uns vexirt."

Unterdessen kam auch der Herr des Kellers herbei; er hört von dem Handel und spricht fast erzürnt: „Wohlan, Ihr Gesellen, wenn Ihr so starke Riesen seid, daß Ihr Andere verhöhnet ob ihrer Schwachheit — kommt heran, und wenn Einer von Euch Prahlhansen dieses Faß allein aus dem Keller schrotet, dessen soll es eigen sein sammt dem Wein, der drinnen liegt."

Das ließ sich Faust nicht zweimal sagen: „Ihr seid Zeugen dessen, was der Weinherr da verheißen," rief er einigen Studenten zu, die eben hereinkamen, und alsbald ging er hinab in den Keller, setzte sich auf das Faß, wie auf einen Bock, und nach wenig Augen=blicken ritt er wie ein stattlicher Reiter das Faß von dem Keller herauf, also daß sich männiglich verwun=derte, sowohl über das seltsame Reitpferd, als über den abenteuerlichen Reiter. Alle schlugen voll Verwunderung die Hände über den Kopf zusammen; der Weinherr staunte auch über das merkwürdige Abenteuer und behauptete, es ginge dabei nicht mit rechten Dingen zu; aber mehr noch kratzte er sich hinter den Ohren

vor Verlegenheit, denn er gedachte der Wette, und daß
er wohl oder übel sein Versprechen halten müßte, wenn
er anders zusammt den Schaden nicht noch Schimpf
und Schande haben wollte. Er mußte in den sauren
Apfel beißen, und ließ das Faß mit Wein Fausten
gutwillig folgen: müßte er ja gewärtig sein, daß der
Abenteurer im Weigerungsfalle seinen Faßritt von selbst
noch weiter fortsetzte und er das leidige Nachsehen hätte.

Ob Dr. Faust mit seinem Faße bis in seine
Herberge ritt, oder ob er es auf eine andere Weise
hinschaffte, ist nicht gesagt, aber so viel wissen wir,
daß es guten Wein enthielt, als es in der Herberge

ankam und von Fauſt und ſeinen Geſellen, ſo wie den
Studenten, die Zeugen geweſen waren, verzapft wurde.

Alles bekam im Vollauf zu trinken, vom Herrn
bis zum Knecht und der Magd in der Herberge; in
kurzer Zeit gab das Faß einen hellen Klang, wenn
man anſchlug, und es hieß: Wie gewonnen, ſo zerronnen.

---

## Achtzehntes Kapitel.

**Wie Dr. Fauſt einem Bauer ſein Fuder Heu
ſammt Wagen und Pferden auffrißt.**

Nicht weit von einer kleinen Stadt in Sachſen
gingen Fauſt und Mephiſtopheles, der reizenden und
anmuthigen Gegend wegen, eine Strecke zu Fuß, indeß
Poman ihnen die Pferde unſichtbar nachführte, und be=
gegneten einem Bauer, der ein Fuder Heu auf der Wieſe
aufgeladen hatte. Bei dieſem Anblicke wandelte Fauſten
die Luſt an, den Landmann zu necken, und ſeine Geduld
auf die Probe zu ſtellen. Aus dieſem Grunde nahm er
die Maske an, als hätte er einen vollen Rauſch, tau=
melte hin und her, und wollte dem Wagen nicht aus=
weichen. Der Bauer, über die Dreiſtigkeit des vermeint=
lichen Trunkenboldes aufgebracht, fuhr ihn mit harten
Worten an, befahl ihm auf die Seite zu gehen, und
ihn in ſeiner Arbeit nicht zu hindern. Allein Fauſt, der
zu luſtigen Streichen gerade recht geſtimmt war, ant=
wortete ihm mit lallender Zunge, daß ein beladener

Wagen einem Betrunkenen ausweichen müsse; dieses Sprichwort wolle er ihm nun klar beweisen, und wenn er seinen Lästerungen nicht Einhalt thun würde, so wolle er ihn sammt seinem Wagen voll Heu und den Pferden verschlingen. „Versuch' es," versetzte der Bauer lächelnd, „denn du mußt gewaltig vom Hunger geplagt werden." Sogleich eröffnete sich ein ungeheurer Rachen, der den Heuwagen sammt den Pferden verschlang. Der Bauer, als er dieses Wunder sah, floh schneller als ein gejagter Hirsch, aus Angst, es möchte auch auf ihn die Reihe kommen, und begab sich zum Bürgermeister der Stadt, dem er den Hergang erzählte, und ihn um seinen Beistand bat. Auf das ungestüme und dringende Flehen des Landmannes ließ sich endlich der Bürgermeister bewegen, mit ihm auf das Feld zu gehen, und umständlichere Kunde von der unerhörten Begebenheit einzuziehen. Sie kamen bei der bezeichneten Stelle an, und sahen zu ihrer Verwunderung nicht nur den vollgeladenen Wagen unbeschädigt, sondern auch die Pferde frisch und munter dastehen. Der Bauer hüpfte vor Freude, sein für verloren gehaltenes Fuhrwerk wieder gefunden zu haben, und der Bürgermeister, der zu seiner Zeit ein heller Kopf war, und einsah, daß ein Spaßvogel dem Bauer diesen listigen Streich gespielt hatte, ermahnte ihn in Zukunft sich gegen Jeden bescheidener zu benehmen.

# Neunzehntes Kapitel.

**Fauſt kömmt nach Prag, wo es ihm ſo gut gefällt, daß er ſich daſelbſt ein Haus kauft.**

Auf allen Reiſen, die Fauſt mit dem Teufel ſeit ſeinem Bunde gemacht hatte, gefiel es ihm an keinem Orte ſo ſehr, als in Prag. Ein unſichtbarer, unwider= ſtehlicher Zauber ſchien ihn an dieſe ſchöne Stadt geſeſ= ſelt zu haben. Der ſanfte daherrauſchende Molbauſtrom, der ſeinen Lauf mitten durch die Stadt nimmt, die ro= mantiſchen Hügel und Felſen, die gothiſchen Tempel und Paläſte verſchafften ſeinen Augen einen Anblick, an dem er ſich nie ſättigen konnte. Auf der ſtolzen Brücke über die Molbau, dem kühnſten Denkmal der Baukunſt, ver= änderte ſich die erhabene Scene in eine reizende. Sein Blick verlor ſich in unermeßlicher Ferne. Lachende Ge= filde und Triften, auf denen im bunten Gewühle zahlreiche Heerden wimmelten, ſtachen mit dampfenden, ſchwarzen Wäldern auf eine angenehme Weiſe ab, und fruchtbare Flächen ſtanden mit fiſchreichen Bächen und Teichen im ſchönſten Kontraſt. Allenthalben, wo er ſich hin= wandte, fand er Eintracht, Wohlſtand und Ueberfluß, ſelbſt da, wo der Mangel ſeine Wohnung zu haben ſchien, bot ihm raſtloſer Fleiß und Betriebſamkeit die Stirne, und zwang dem Glücke ſeine Gunſt und Gaben ab. Hei= tere Geſichter und fröhliche Laune war ein hervorſto= ßender Zug im Charakter der Bewohner dieſer Stadt. Blühende Geſundheit zeigte von der Unverdorbenheit ihrer Sitten, und zuvorkommende Gaſtfreiheit machte

allen Reisenden ihren Aufenthalt daselbst angenehm.
Gelehrte Männer und große Künstler aller Art tru=
gen nicht wenig bei, aus den entferntesten Gegenden Be=
wunderer ihrer unsterblichen Werke herbei zu ziehen.
Edle Simplicität, naive Gefälligkeit, Bescheidenheit und
Munterkeit innerhalb der Grenzen der Zucht und Tu=
gend, waren angeborne Eigenschaften des schönen Ge=
schlechtes. Den heut' so sehr gepriesenen Geschmack in
Putz ersetzte der innere Werth desselben. Ein regel=
mäßiger Körperbau und Farbe ungeschwächter Kraft und
Gesundheit erhöhte das einfache Kostum und verschaffte
ihm einen unwiderstehlichen Reiz; indessen, daß in un=
seren Zeiten der größte Theil der Frauenzimmer die
Natur verdrängt, und seine Schönheit von dem gefäl=
ligen Kolorit eines Seidenwebers und dem lächerlichen
Zuschnitte einer erfinderischen Modehändlerin entlehnt.

Eine vollständige Schilderung in Faust's Enthu=
siasmus und Geschmacke von dieser schönen Stadt, von
dem blühenden Zustande ihrer Einwohner, von ihrem
Ueberflusse an allen Arten der Nahrungsmittel, von der
Pracht ihrer Gebäude, von der Dauer und Festigkeit ihres
edlen Charakters zu liefern, würde mich über die Gren=
zen meines vorgesteckten Zieles führen. Ich will nur
anmerken, daß Faust mit jedem Tage neue Denkwür=
digkeiten und Seltenheiten in dieser reichen Stadt ent=
deckte, und von ihren Vorzügen so hingerissen ward,
daß jede Vergleichung, die er mit andern Städten an=
stellte, weit zurückblieb und er sich entschloß, daselbst ein Haus
zu kaufen und auf einige Zeit darin nieder zu lassen. Die=
sen Vorsatz theilte er ohne Verweilen seinem Freunde

**3 ***

mit, der ihn nicht nur billigte, sondern durch dessen thä=
tige Mitwirkung war Faust auch bald Besitzer eines
Hauses, und Bürger von Prag. Der Rath der Stadt
kam seinem Wunsche halben Weges entgegen und ertheilte
ihm mit einstimmigen Beifall das Bürgerrecht. Die Ge=
gend an der Skalka, oder dem kleinen Johannes=Felsen
zu Ende des heutigen Viehmarktes, hatte dazumal eine
romantische Lage. Hier wählte Faust seinen Sitz und
in kurzer Frist stand durch Hilfe seiner Geister ein
prächtiges Gebäude da, das der Alles verschlingenden
Zeit Trotz geboten, und sich bis auf den heutigen Tag
unter dem Namen des Faust'schen Hauses erhalten hat.

Auf einer kleinen Warte, die er ober demselben an=
bringen ließ, war es, wo er der seligsten Stunden seines
Lebens genoß. Der durch tiefes Nachdenken erschlaffte
Geist erhielt durch die reizendste Aussicht neue Spann=
kraft; zahlreiche Besuche von Gelehrten, Künstlern und
dem vornehmsten Adel der Stadt und umliegenden Ge=
genden verscheuchten die lange Weile, und verwandelten
ihm halbe Tage in Minuten. Hier zuerst sah Faust ein,
daß er sich in seiner Rechnung geirrt, und im Genusse des
Lebens übereilt hatte, und verwünschte seine Verbindung
mit dem Teufel, ohne die er in diesem gesegneten Lande
der glücklichste Mensch hätte sein können.

# Zwanzigstes Kapitel.

## Wie **Dr.** Fauſt einem Ritter ein Hirſchgeweih an den Kopf gezaubert hat.

So edel und großmüthig Fauſt allenthalben han=
delte, ſo fehlte es ihm doch nicht an Tadlern, die ſei=
nen beſten Abſichten eine ſchiefe Richtung zu geben wuß=
ten. Dieß erfuhr er auch in Wien.
Bei einem fürſtlichen Schmauſe war es, wo Fauſt
von einem ſeiner Freunde die Nachricht erhielt, daß
einer der Gäſte ſich in zweideutigen Ausdrücken über
ſeinen Charakter ausgelaſſen, ihn einen Bundesgenoſſen
des Teufels, einen Schwarzkünſtler geſcholten hätte, und
damit umginge, ſeinen Ruhm zu verdunkeln, und in
den Herzen der Leichtgläubigen Verdacht gegen ſeine
Gelehrſamkeit zu erwecken. Fauſt, der ſonſt in allen
ſeinen Unternehmungen raſch und feurig war, ging
im Punkte der Rache einzig und allein bedächtig zu
Werke, und verſchob ſie allezeit ſo lange, bis ſich eine
bequeme Gelegenheit dazu fügte.
Zwar lachte er über die hinterbrachte Mähr, aber
es wurmte doch in ſeinem Herzen, daß es Jemand wagen
konnte, ſeinen guten Leumund anzutaſten.
Mit verbiſſenem Zorne ſprach er zu ſeinem Freunde:
„Zeige mir den niedrigen Buben! Ich will ihn für
ſeine Verleumdung auf eine Art züchtigen, daß er eher
ſich ſelbſt als den Schwarzkünſtler Fauſt vergeſſen ſoll!"
Hierauf rief er ſeinen Jäger Mephiſtopheles, und raunte
ihm etwas in die Ohren.
Indeſſen waren die anweſenden Gäſte aufgeräumt

und munter; die köſtlichſten Weine ſprudelten in ſilber=
nen Bechern, und vermehrten den Frohſinn der Schwel=
ger. Man lachte und ſcherzte; beſonders wußte Fauſt
durch ſeine witzigen Schwänke und Anekdoten die Ge=
ſellſchaft in reger Fröhlichkeit zu erhalten.

Der Fürſt, der unſerem Helden zu Ehren dieſes
Feſt gegeben hatte, war ein großer Liebhaber der nie=
dern Jagd, und da er dieſelbe Neigung an Fauſten
bemerkte, ſo hatte er in einer reizenden Gegend eine
Reiherbeize angeordnet. Jeder der Anweſenden war
über den Einfall des Fürſten entzückt; alle ſahen dem
Augenblicke mit Sehnſucht entgegen, der ſie aus dem
Gewühle der Stadt ins Freie führen ſollte. Nachdem
die Tafel geendet, und die Zeit mit der beſtimmten
ländlichen Unterhaltung herbei gekommen war, wurde
im Hofe von einem Jäger mit einem Hüfthorn das
Zeichen zum Aufbruche gegeben. Die geſelligen Gruppen
zerſtreuten ſich, und eilten der Thüre zu. Der Verleum=
der, der Fauſt's Zorn auf ſich geladen hatte, und bei
Tiſche ſeinen Becher vielleicht zu oft mochte geleert haben,
ſaß in einem Winkel des Saales und ſchnarchte; als aber
das Zeichen zum Aufbruche gegeben war, raffte er ſich
auf und wollte zur Thüre hinaus ſtürzen; aber der
ganze Saal ertönte von einem ausſchweifenden Gelächter
der Anweſenden, da ſie ein großes Hirſchgeweih auf
ſeinem Kopfe ſitzen ſahen, das ihm den Ausgang aus
dem Zimmer verwehrte. Wie ein Raſender lief er von
einer Thüre zur andern und verſuchte durchzukommen;
allein ſein Bemühen blieb vergebens; und als er end=
lich den ungeheueren Kopfſchmuck in einem Spiegel

erblickte, ward seine Galle zu Feuer; er zog einen Dolch
aus dem Busen und wollte sein Herz durchstoßen; aber
seine Hände waren gelähmt und versagten ihm den
wohlthätigen Dienst. Ergrimmt über seine Ohnmacht,
schlich er sich in einen Winkel; und als die Gesellschaft
die Pfeile ihres Witzes auf ihn abgedrückt und sich an
dem komischen Schauspiele genug ergötzt hatte, drang
einer nach dem andern zur Thüre hinaus, schwangen sich
auf ihre Pferde und überließen den neuen Aktäon seinen
Possen.

Der Gedemüthigte errieth bald den Mann, der ihm
diesen Streich gespielt hatte; und obschon er sich kräftig

vornahm, kein Wort mehr zu Fausten's Erniedrigung
zu reden, so mußte er nebst der erlittenen Schande und
dem entbehrten ländlicheu Vergnügen, doch noch so lange
in dem Saale weilen, bis die Gesellschaft zurückgekehrt
war. Als endlich auch das Nachspiel dieser Posse sich
entwickelt hatte, löste sich der Zauber, das Geweih ver=
schwand von seiner Stirne und er schlich beschämt und
stillschweigend nach seiner Wohnung. Vermuthlich wird
der Spötter seine Zunge in Zukunft besser im Zaume
gehalten haben.

---

# Ein und zwanzigstes Kapitel.

## Faust im Netze der Teufel.

Treulich hielten die Teufel, wozu sie sich zu Fausten's
nahem Falle verbunden hatten. Unbemerkt trieben sie ihn
aus dem Wirbel einer Ausschweifung in einen andern;
sie gönnten ihm keinen Augenblick, wo er sich sammeln,
wo er von den Kräften der Vernunft hätte Gebrauch
machen können. Wie ein Orcan rissen ihn seine Leiden=
schaften fort; kaum daß eine befriedigt war, erwachte
eine andere, und drang mit doppeltem Ungestüm in
ihn. Taumelnd sank er aus den Armen eines Lasters
an den reizenden Busen einer neuen Sünde, von dem
er im Rausche in den Schooß neuer Laster fiel.

Faust war reich, schwamm im Ueberflusse, und der

liſtige Mephiſtopheles ließ es an Gelegenheit nie man=
geln, ihm von Zeit zu Zeit Helfershelfer zuzuführen, die
ſeine ſtumpfen Sinne zu kitzeln und ſeinen Laſtern im=
mer unbekannte reizendere Masken vorzuhalten wußten.
Schmarotzer, die ſich an ſeiner Tafel mäſteten; Schmeich=
ler, die vor ihm krochen und ſeine gröbſten Ausſchwei=
fungen bis zu den Geſtirnen erhoben; Spieler, die ihre
Beutel füllten, und freche, unverſchämte Dirnen, die ſonſt
nichts als das entſtellte Geſicht eines Menſchen an ſich
trugen, machten die tägliche Geſellſchaft, welche den Ver=
blendeten früh und ſpät umrang.

Kein Wunder alſo, daß er bei ſeinem unbegrenzten
Hange zum Genuſſe ſinnlicher Vergnügungen unter den
Händen ſolcher Menſchen bald das ward, was er nach
dem Wunſche der Teufel längſt hätte ſein ſollen — ein
Sünder — reif jeden Augenblick für die Hölle.

## Zwei und zwanzigſtes Kapitel.

### Seltſame Gäſte an Fauſt's Tafel.

Bei einem luſtigen Trinkgelage äußerten Fauſt's
Herzensfreunde den Wunſch, bei ihm einer Tafel beizu=
wohnen, die nicht ſo ſehr mit köſtlichen und ſeltenen
Speiſen, als mit ſeltſamen Gäſten beſetzt wäre. Beſon=
ders bezogen ſie ſich auf Perſonen beiderlei Geſchlechtes
aus dem grauen Alterthume, die ihre Namen bei der
Nachwelt unſterblich gemacht hätten.

„Wohl!" — sprach Faust, „ich will eurem Ver=
langen willfahren, und ihr sollt Gäste an einer Tafel
sein, die eueren lüsternen Sinnen nichts zu wünschen übrig
lassen wird. — Morgen seid ihr also zu mir geladen."
Voll frohen Muthes über diese Verheißung ging jetzt
die Gesellschaft aus einander und sah mit brennender
Ungeduld dem herrlichen Schmause entgegen.

Indessen berief Faust seine Teufel, und begann also
zu ihnen zu sprechen:

„Ich will morgen meinen Freunden einen Beweis
meiner Macht und Größe geben. Dazu werdet ihr mir
ohne Widerrede eure Hände bieten, und Alles verschaffen,
was ich von euch verlangen werde. Sollte sich einer
sträuben, oder nur eine bedenkliche Miene machen nicht
zu gehorchen, so denket an den Steinklumpen in Böh=
men, den ihr pflügen und zu einem tragbaren Acker um=
wandeln mußtet. Im Falle der Widerspenstigkeit wird
die Züchtigung dem großen Verbrechen angemessen und
weit schrecklicher als selbst die Peinen der Verdammten
in der Hölle sein!"

Meph. (zitternd). Gebiete!

Chil. (vor Angst stotternd). Wir sind bereit zu
gehorchen!

Poman. Und deine Befehle auf's Schnellste zu
vollziehen.

Faust (mit zufriedener Miene). Wohl also! Die=
ses Zimmer soll morgen mit dem Geräthe und den
Kostbarkeiten des Prunksaales des Sultans von In=
dostan ausgeschmückt sein! — Dieß sei dein Geschäft,
Mephistopheles!

**Meph.** Die genaueste Ausführung soll ganz deinem Willen entsprechen!

**Faust.** Du, Leviathan! haſt die berühmteſten Virtuoſen, Sänger und Sängerinnen von dem ganzen bekannten Erdboden auf dieſem Platze zu verſammeln!

**Leviathan.** Ich werde Alles nach dem hohen Befehle meines Gebieters beſtellen!

**Chil.** Womit gefällt es dir meine Dienſtfertigkeit auf die Probe zu ſtellen?

**Faust.** Du magſt die köſtlichſten Speiſen und Gerichte, die morgen für den Gaumen des Beherrſchers von China und Japan, und für die Favoritſultanin des Sophi von Perſien bereitet werden, in den prächtigſten Prunkgefäßen hierher ſchaffen. Du aber, Dilla! das Abgängige, und Alles, was ein jedes Element und jedes Reich der Natur Leckres und Seltenes hat, hinzufügen! (Chil und Dilla verzerren unbemerkt ihre Geſichter vor Galle.) Dron mag für die wohlſchmeckendſten und geiſtigſten Getränke ſorgen!

**Poman.** Und mein Amt?

**Faust.** Iſt, die Gäſte zu dieſem Schmauſe zu laden. Zehn Teufel ſollſt du ſogleich vom Luzifer zu meinem heutigen Dienſte fordern, welche berühmte Perſonen aus Griechenlands und Roms blühendern Zeitalter in der glänzendſten Pracht ihres Koſtums vorſtellen werden. Ihre Namen will ich dir nicht bezeichnen; doch — du kennſt meinen Geſchmack, und ich hoffe, daß die Wahl derſelben auch dem deinigen Ehre machen wird.

**Poman.** Laß mich eilen, erhabener Gebieter!

Meine Wahl der Gäste ist aus deiner Seele entlehnt.
Mit ihren Aufträgen entfernten sich jetzt die Teufel,
und Faust begab sich zur Ruhe.

Kaum war der Tag angebrochen, so war das
Speisezimmer auch schon in den Prunksaal des Sultans von Indostan verwandelt. Die Wände waren mit
Gold und Silber durchwirkten Tapeten behangen. Die
Tafel bildete einen halben Mond, um die sich mit
himmelblauen Atlas überzogene Ruhebette wanden,
deren elastische Matratzen mit den köstlichen Rauchwer-
ken und wohlriechendsten Essenzen parfümirt waren.
Die feinste sidonische Leinwand machte das Tischzeug
aus, und das übrige Speisegeräth war aus Gold
künstlich und geschmackvoll gearbeitet. Wo das Auge
sich hinwandte, erblickte es Spuren von asiatischen
Luxus und orientalischer Pracht.

In einem Seitengemache befanden sich die vor=
nehmsten Virtuosen; die süßesten Melodien, aus den
wohlklingendsten Instrumenten und Kehlen gelockt,
schwangen sich durch silberne Röhren in den Speise=
saal, und erfüllten die Ohren der Anwesenden mit
schmelzenden zauberischen Tönen.

Die goldenen Gefäße der Tafel enthielten die
niedlichsten und köstlichsten Speisen, welche das erfin=
derische Talent der üppigsten Köche nur immer ersinnen
kann. Brühen von geschmolzenen Margariten, chine=
sische Schwalbennester — — doch kein Wort weiter
davon! — — Ich müßte selbst ein Gast an diesem
Göttermahle gewesen sein, wenn ich meinen Lesern eine

treffende Schilderuug von der Fülle und Köstlichkeit
der Gerichte entwerfen wollte.

Jetzt war die Zeit zum Schmause heran gerückt
und Faust's Freunde waren erschienen. Nachdem er sie
bewillkommt hatte, öffnete er die Thüre des Saales
wo die übrigen Gäste bereits auf ihren Ruhebetten
lagen, und führte sie hinein.

Die Pracht dieses nie gesehenen, die geschäftigste
Fantasie übersteigenden Schauspieles, überraschte die Ein=
tretenden dergestalt, daß sie wie steinerne Bildsäulen
unbeweglich blieben. Faust lächelte, rüttelte sie aus ihrem
Schlummer, und wies ihnen ihre Plätze an der Tafel
an. Die vor Staunen und Freude Trunkenen glaubten
sich in einem Feenpalaste zu befinden, so mächtig
wirkte das Ungewöhnliche der Gegenstände auf ihre
Sinne. Die verschwenderische Pracht des Hausgeräthes
die entzückenden Töne der Musik, der königliche Auf=
wand in den Gerichten und dem Getränke, machte sie
Alles um sie herum vergessen. Aus diesem betäubenden
Zustande des Staunens sanken sie noch tiefer. — —
Die regelmäßigen Züge in den Gesichtern der fremden
Gäste, das Erhabene ihrer Physiognomien, das Pathe=
tische ihrer Geberden, ihre fröhliche Laune, ihre naiven
Scherze, das Reizende und Erhebende ihres Kostums,
die Kostbarkeit der Stoffe in ihrer Kleidung, und die
gefällige, mittheilende, alle Herzen erweiternde Gefäl=
ligkeit und Güte versetzte die Neugierigen in eine Lage,
in der sich je wenige Menschen werden befunden haben.

Zwischen der reizenden Aspasia und der schönen
Lais sahen sie den mächtigen Bezwinger weiblicher

Herzen, den muntern Alcibiades schäckern; mit Musa=
rion's Locken den schmachtenden Phanias tändeln; mit
Glyzerien den weisen Pericles scherzen; Oviden mit
seiner Julia liebäugeln, und den Helden Antonius mit
Cleopatren, Aegypten's stolzer Königin, in einem Ge=
spräche begriffen, in dem er ihr zu sagen schien, daß
er die Eroberung ihres Herzens höher achte, als alle
seine Siege.

Sclaven und Sclavinnen waren einzig und allein
beschäftigt, ihren Gebietern und Gebieterinnen die
leisesten Winke abzulauschen; und nachdem die Tafel
zu verschiedenen Malen mit frischen Leckerbissen besetzt
und die Eßlust befriedigt worden war, wurden wohl=
riechende Rauchwerke angezündet, die den Geruch der
Speisen verdrängten, und den Saal mit lieblichen
Düften erfüllten. Vor Beendigung der Tafel wurden die
Gäste von den Sclaven und Sclavinnen mit köstlichen
Essenzen bestrichen; auch seinen Freunden ließ Faust
diese Ehre der Salbung erweisen; und nach dieser
Ceremonie schien sich Jedermann dem behaglichen Ge=
schäfte der Verdauung zu überlassen, und sank in die
Arme des Schlafes. Als unsere Zecher erwachten,
nahmen sie wahr, daß sich jeder in seiner Wohnung
auf dem Bette befand. Sie eilten in den Gasthof
und wollten ihrem Wohlthäter danken, aber Faust
war verschwunden.

# Drei und zwanzigstes Kapitel.

## Dr. Fauſt verliebt ſich und will heiraten.

Dr. Fauſt lebte von Tag zu Tag in größter Luſt und Freude dahin, und je näher er dem Ziele ſeines Verſprechens entgegen rückte, deſto mehr überließ er ſich den größten Ausſchweifungen und Zügelloſigkeiten, und führte ein ſo tolles, lieberliches Leben, daß er kaum nüchtern wurde.

Nun erblickte Dr. Fauſt einmal in ſeiner Nach= barſchaft ein junges und ſchönes Frauenzimmer. In dieſes reizende Mädchen verliebte er ſich ſo gewaltig, daß er weder Fleiß noch Koſten ſparte, es nach ſeinem Willen und Gelüſte zu bereden. Allein er konnte mit allen ſeinen Geſchenken und Verſprechungen ihre Tu= gend nicht beſiegen und zum Ziele ſeiner geheimen Wünſche gelangen; ſie blieb ſtandhaft und wollte ihm ihr Herz nur dann geben, wenn er es ehrlich meinte und ſie heiratete.

Dr. Fauſt wußte wohl, daß er, da er ohnedem ver= heiratet und ſeinem Verſprechen gemäß, welches er dem Teufel geleiſtet, dieß nicht thun dürfe; aber weil ihn Tag und Nacht die Liebe zu´ dieſem Mädchen plagte, ſich ihm auch ſonſt keine Hoffnung zeigte, ſeinen Zweck zu erreichen, ſo faßte er den Entſchluß, dieſes ſchöne Kind zu ſeinem ehelichen Weibe zu neh= men. Kaum aber bemerkte ſein Geiſt Mephiſtopheles wie ernſtlich er es meinte, als er zu ihm trat, und

also sprach: „Fauſt! dir iſt bekannt, was du ver=
ſprochen haſt, und wie bald nunmehr dein Lebensende
da iſt. Nimmermehr darfſt du dieſes Mädchen zu deiner
wahren Ehegattin nehmen, weil der Eheſtand von Gott
eingeſetzt und geheiligt iſt, und wir Teufel ſolchen
haſſen und verabſcheuen, indem er den Menſchen auf
gutem Wege die Freuden der Liebe gewährt und eine
ehrliche Nachkommenſchaft bewirkt. Bedenke ferner,
daß du deinen Lüſten auf eine andere Art weit beſſer
und gemüthlicher nachhängen kannſt, denn der Eheſtand
iſt ein Weheſtand, mit vielen Sorgen, Kummer, Herzen=
leid und Ungemach, der Kinder wegen, verbunden, wozu
noch kommt, daß du getreu ſein mußt und keiner An=
dern deine Liebe zuwenden darfſt. Wenn du aber den=
noch auf deiner Meinung beharreſt, und von dieſem
Mädchen nicht ablaſſen willſt, ſo wiſſe hiermit, daß
dein Lebensende ſogleich da iſt, und wir dich in hun=
derttauſend Stücke zerreißen.“

Dr. Fauſt war anfänglich über dieſe Rede be=
troffen, aber er ließ ſich in ſeinem Vorſatze nicht
wankend machen, ſondern erwiderte nach einem kurzen
Nachdenken mit trotziger Geberde: „Mein Entſchluß und
Vorſatz ſteht feſt, ich will und werde dieſes Mädchen,
welches ich aufrichtig liebe, ehelichen, es entſtehe daraus
auch was es wolle.“

Es dauerte aber nicht lange, ſo entſtand ein
gräßlicher Lärm und fürchterlicher Sturmwind, der das ganze
Haus umzuſtürzen drohte. Die Thüren ſprangen aus
ihren Angeln, die Gläſer und Taſſen fielen zu Boden,
die Fenſter zerbrachen, die Schornſteine ſtürzten zuſam=

men und überall im Hause sprühte das Feuer umher.
Dr. Fauſt wurde dadurch in den größten Schrecken ver=
ſeßt, uud wußte ſich nicht zu helfen, da auch ſein
Geiſt nicht auf ſein Geheiß mehr erſchien. Beſorgt
um ſein Leben und in größter Angſt, eilte er die
Treppe hinab, um aus dem Hauſe zu flüchten. Da
ergriff ihn eine unſichtbare Gewalt und warf ihn wie
einen Federball in das Innere zurück, daß er am
Boden liegen blieb und weder Hände noch Füße regen
konnte. Da ſchrie er laut auf, und rief ſeinem Geiſte
mit den Worten zu: „O! Mephiſtopheles, errette mich
nur dießmal aus der großen Gefahr, ich verſpreche
hoch und theuer, in Zukunft ganz nach deinem Willen
zu leben." Alsbald erſchien ihm der Satan in ſeiner
leibhaften und erſchrecklichen Geſtalt, die ein ſo heftiges
Grauſen bei ihm erregte, daß er ſeine Augen feſt zu=
drückte und ſolche nicht weiter aufzumachen wagte.
Luzifer aber erhob ſeine ſchreckbare Stimme und brüllte
ihm zu: „Dr. Fauſt! ſage was du willſt und weſſen
Sinnes du jeßt biſt!" Da erwiderte Dr. Fauſt kläg=
lich und demüthig, ohne die Augen zu öffnen: „Ge=
waltiger Fürſt der Finſterniß! du kennſt der Menſchen
Herz und mein Verlangen nach ſinnlicher Luſt, die ich
nicht zu unterdrücken vermochte; allein wenn du mein
Leben länger friſteſt, warum ich bitte, ſo werde ich
mich beſtreben, anderes Sinnes zu werden, und nach
deinem Willen zu handeln." Hierauf antwortete der
Teufel kurz und bündig: „Wohlan! ich will dir bis
die Zeit abgelaufen iſt, das Leben erhalten, nur ſei
du auch deinen Worten und Verſprechen treu, ſonſt

fürchte mich und meine Macht." Nach dieser Rede verschwand der Böse und mit ihm alles weitere Ungemach.

————

## Vier und zwanzigstes Kapitel.

**Wie der Geist Mephistopheles dem Dr. Faust auf sein Begehren die schöne Helena aus Griechenland als eine Geliebte zuführt, mit welcher er vermeintlich einen Sohn erzeugte.**

Nach dieser schrecklichen Scene gelüstete dem Dr. Faust um sich zu entschädigen, nach etwas Besonderem. Es fiel ihm plötzlich ein, wie einst die Helena aus Griechenland die schönste ihres Geschlechts gewesen, und er konnte sich des Wunsches nicht erwehren, entweder die Helena, oder eine andere, die eben so schön und liebenswürdig wäre, zu besitzen. Wenn auch, dachte er, diese Helena gestorben ist, so hat doch gewiß mein dienstbarer Geist die Macht, sie mir in ihrer ursprünglichen Gestalt und Schönheit wieder zuzuführen, und eben dieser Geist bestärkte ihn unsichtbar immer mehr in seiner Begierde, um ihn dadurch um so gewisser von jeder Verheiratung abzuhalten. Auf diese wurzelte sich der Gedanke, die schöne Helena als seine Geliebte um und bei sich zu haben, immer fester seinem Gemüthe ein, und er hatte Tag und Nacht keine Ruhe, daher er beschloß, seinen Geist vor sich kommen zu lassen und mit ihm diese Angelegenheit zu überlegen.

Auf seinen Ruf erschien auch sogleich Mephistopheles und als sich ihm Dr. Faust entdeckt und versichert hatte, daß er nur dann glücklich und zufrieden sei, wenn jene schöne Griechin an seiner Seite und ihm ganz zu Willen lebte, so machte ihm der Geist hierzu auch Hoffnung, behielt sich jedoch vor, erst mit dem obersten der Teufel zu sprechen. Dr. Faust willigte ungern in diese Verzögerung, gab sich aber zufrieden, als er hörte, in kurzer Zeit Bescheid zu erhalten, und es dauerte auch kaum zwölf Stunden, so meldete sich Mephistopheles, daß seinem Verlangen ein Genüge geschehen, daß die schöne Helena, in eben der reizenden Gestalt, wie sie solche in jener Zeit gehabt, zu ihm kommen und bei ihm als seine Geliebte bleiben sollte. Ehe noch Dr. Faust antworten konnte, stand schon ein wunderschönes junges Frauenzimmer, welches jene Helena vorstellte, vor ihm. Sie war in kostbaren Purpur, den goldene Sterne verzierten, gekleidet; blonde Locken ringelten sich auf dem schneeweißen Nacken, kohl= schwarze Augen blitzten, wie zwei helle Diamanten in dunkler Nacht, ein hochgewölbter Busen spottete der schwachen Florhülle, das Gesicht war echt griechisch, die Wangen wie die Rosen gemalt, die Arme rund und voll, die Hände wie Alabaster, der Wuchs hoch und schlank, der Fuß nett und zierlich, die Stimme rein und hell wie Silberton. Dr. Faust war wie be= zaubert von dieser großen Schönheit und herrlichen Gestalt, und sein Herz entbrannte sogleich in heftige Liebe. Er fühlte sich durch ihren Besitz so glücklich daß er geraume Zeit nichts Anders dachte, fast Alles

und selbst seiner besten Freunde und lustigen Brüder
vergaß. Und als ihm die Geliebte nach einiger Zeit
mit verstellter Scham die Entdeckung machte, daß sie
ein Pfand seiner Liebe unter ihrem Herzen trage,
drückte er sie voll Inbrunst an sein Herz und war

ganz ausgelassen, fröhlich und lustig. Noch mehr er-
höhten sich seine freudigen Gefühle, als ihm nachher
auch ein junger Sohn in seine Arme gelegt wurde,
den seine Geliebte geboren haben sollte, und obschon
er einigen Zweifel hegte, daß das Alles natürlich geschehen sei, war er dennoch vergnügt und zufrieden,
stellte Freudenfeste an und nannte den Kleinen Ju-
stinus Faust.

# Fünf und zwanzigstes Kapitel.

## Wie Mephistopheles dem Faust eine Bußpredigt hält.

Dieses Glück, das Faust genoß, und wodurch er viel Böses zu thun verhindert war, da er ganz in seiner Liebe zur Helena schwelgte, mißfiel Mephistopheles und er sann darauf, ihn davon abzuziehen. Er trat daher eines Tages zu ihm und sprach also:

„Hast du den Zweck des Bundes mit mir vergessen? — War nicht Genuß — voller Genuß des Lebens der mächtige Zauber, der dich zu dem kühnsten Schritte, den ein Sterblicher je wagte, bewog? Und was genießest du hier? — Schalen ohne Kern. — Wozu nützt die Maske der Tugend? Laß solche den frömmelnden Memmen, den feigen Sündern, den Zwittern von Tugend und Laster, worunter sie den Stempel des Galgens verbergen können. Dich kleidet diese Larve nicht. Handle als ein Mensch groß und erhaben, handle als Faust, dem die Hölle zu Gebote steht, dem die Natur alle ihre Schätze aufschließt. — Auf! Erwache aus der betäubenden Schlafsucht! Das Gebiet der Freude ist weit und groß, die Ernte ergiebig, die deiner harrt. Verschwende nicht den kostbaren Schatz, den ich dir allein nicht zu ersetzen vermag, verschwende nicht die Zeit, und genieße, weil Rosen deine Schläfe umkränzen, und der volle Becher der Freude schäumt.“

Wie ein Blitzstrahl fuhr diese Rede des Teufels durch Faust's Seele. Der Hämische hatte die reiz-

barste Seite seines Herzens berührt, und kaum graute
der Morgen, so brachen sie auf und gingen von dannen.
Die Bestimmung ihrer Reise war noch ungewiß, noch
wußten sie nicht, wohin sie sich wenden sollten. Me=
phistopheles selbst war in Verlegenheit, wohin er den
Ungenügsamen führen könnte, um ihn vor ferneren
Rückfällen in den Schooß der Tugend zurück zu kehren,
zu bewahren. Auch war die Zeit nicht mehr fern, wo
die 24 Jahre zu Ende, und es lag dem Satan sehr
daran, nicht jetzt um die Frucht seiner Bemühungen
gebracht zu werden.

## Sechs und zwanzigstes Kapitel.

**Wie Dr. Faust, als er sein Lebensende herbei=
rücken sah, sein Testament macht, und darin sei=
nen Famulus Christoph Wagner zum Erben sei=
ner Güter und Zaubermittel eingesetzt.**

Dr. Faust hatte wie schon zu Anfang seiner Le=
bensgeschichte erwähnt wurde, einen jungen Menschen,
Namens Christoph Wagner, welcher damals um das
liebe Brot gesungen, und ein fähiger und verschmitzter
Kopf war, zu seinem Famulus oder Diener ange=
nommen. Diesen hatte er, weil er wegen seiner großen
Verschwiegenheit ganz auf ihn rechnen konnte, und er
ihm auch als seinen Herrn stets treulich Beistand ge=
leistet, nicht nur seine meisten geheimen Bücher und

Schriften anvertraut, sondern war ihm auch so sehr gewogen, daß er ihn wie seinen eigenen Sohn liebte.

Als nun die Zeit heranrückte, wo sich das vier und zwanzigste Jahr, als die Frist, welche dem Dr. Faust gegeben war, seinem Ende nahte, berief er einen bekannten Notar nebst einigen guten Freunden aus der Zahl der Studenten, und vermachte in deren Gegenwart, mittelst Testaments, seinem Famulus Haus und Garten, neben des Ganser's und Veit Röbinger's Haus, bei dem Eisenthore in der Schorrgasse an der Ringmauer gelegen; beßgleichen was sich an Baarschaft, liegendem und fahrendem Gute, Hausgeräth, silbernen Bechern u. s. w. vorfand.

Nachdem nun das Testament aufgesetzt, unterschrieben und gehörig bekräftigt war, ließ Dr. Faust seinen Famulus vor sich kommen, und eröffnete ihm, wie er in seinem Vermächtnisse, weil er so lang und treu bei ihm gewesen, auch seine Geheimnisse stets für Jedermann verborgen gehalten, für ihn gesorgt habe, und wenn er außerdem noch eine Bitte auf dem Herzen habe, so wolle er ihm diese ebenfalls gewähren. Da begehrte der Famulus seines Herrn Kunst und Geschicklichkeit. Hierauf antwortete ihm Dr. Faust: „Wohlan, mein lieber Sohn! ich besitze viel Bücher und Schriften, welche ich mit großer Mühe und vielem Fleiß gesammelt habe, diese nimm gut in Acht und schaffe dir damit Nutzen, studiere fleißig darin, so wirst du ohne Zweifel alles das lernen und ausführen, was ich erlernt und zu Stande gebracht. Diese nigromantischen Bücher und Schriften sind keineswegs zu verwerfen, vielmehr in hohen Ehren zu halten, obschon die Pfaffen sie verwerfen, verdammen, und solche die schwarze Kunst, Zauberei und Teufelswerk nennen. Daran kehre dich jedoch nicht, mein Sohn, sondern genieße die Welt mit ihren Freuden, und laß die Schrift fahren, denn die Nigromantie ist eine hohe Wissenschaft voller Weisheit, und hat ihren Ursprung mit Erschaffung der Welt. Wisse auch, mein lieber Sohn, daß, wenn die mir zugestandenen vier und zwanzig Jahre, wie es bald der Fall sein wird, abgelaufen sind, mein Geist Mephistopheles nicht weiter verpflichtet ist, mir zu dienen. Ich kann dir denselben also auch nicht zu eigen machen, wie ich es gern möchte; jedoch will ich dir einen andern Geist, so du einen verlangst, ver= schaffen und dienstbar machen. Sei nur still und ver= schwiegen, und wenn nach meinem baldigen Tode die Obrigkeit meine dir vermachten und hinterlassenen Schriften und Zauberbücher suchen will, so werden alle Diejenigen, welche darnach ausgeschickt sind, also verblendet werden, daß sie deren nimmer finden sollen."

---

## Sieben und zwanzigstes Kapitel.

### Dr. Faust verschaffet seinem Famulus einen Geist, der den Namen Auerhahn führt.

Nach Verlauf von drei Tagen fragte Dr. Faust seinen Famulus, den Wagner, ob er noch wünschte einen dienstbaren Geist zu besitzen, und in welcher

Gestalt er ihn bei und um sich haben wollte? Wag=
ner antwortete hierauf: „Ja, mein Verlangen ist noch
immer, einen sittsamen und untrüglichen Geist in
Gestalt eines Affen zu haben." — „Wohlan", sprach
Dr. Faust „du sollst ihn alsbald sehen." Sogleich
erschien ein Affe von mittelmäßiger Größe, welcher mit
Behendigkeit in die Stube gesprungen kam. Da sprach
Dr. Faust: „Siehe, da hast du den verlangten Geist,
nimm ihn hin und gib ihm den Namen Auerhahn,
denn also heißt er; er wird dir aber erst nach meinem
Tode zu Willen sein. Zugleich ersuche ich dich, meine
Kunst, Thaten und wunderliche Abenteuer fleißig auf=
zuzeichnen und für die Nachwelt zusammenzustellen.

---

## Acht und zwanzigstes Kapitel.

**Wie der Teufel dem Dr. Faust seinen Dienst
und Bund aufsaget, als er nur noch einen Monat
zu seinem Ende hatte.**

Dr. Faust hatte endlich nur noch einen Monat
vor sich, nach welchem jene ihm vergönnten vier und
zwanzig Jahre ihr Ende erreichten. Eines Tages
öffnete sich plötzlich die Thüre seines Zimmers und
herein trat Luzifer, der Fürst der Finsterniß, schwarz
und zottig wie ein Bär. „Faust!" so sprach er mit gräß=
licher Stimme, „du mußt bekennen, daß dir deine Wünsche
immer durch mich erfüllt wurden, daß ich dir Alles nach
deines Herzens Begehr verschafft und dir in Noth und

4

Gefahr stets treulich beigestanden habe. Weil nun aber die dir bestimmte Zeit von vier und zwanzig Jahren bald um sein wird, so kündige ich dir jetzt meinen Dienst auf. Und wie ich dir jederzeit treu gedient habe, so halte du nunmehr auch, was du mir versprochen und mit deinem Blute bekräftigt hast. Dein Leib und deine Seele sind nun mein, darin ergib dich nur willig; sollte dir aber jetzt dein Versprechen leid thun und gereuen, würdest du dir nur vergeblichen Kummer und Schmerz bereiten. Bald stehest du vor Gottes Gericht, wenn die bestimmte Zeit um sein wird, werde ich wieder kommen und dich abholen."

Dr. Faust konnte vor Schrecken lange nicht sprechen! Als er wieder zur Besinnung kam, fing er an zu klagen, und sprach voller Verzweiflung: „Ach! ich bin verloren, ewig verloren; meine Sünden sind größer, denn daß sie mir könnten vergeben werden."

---

## Neun und zwanzigstes Kapitel.

### Faust's Traum.

Faust lag in süßem Morgenschlummer unter einer Palme, da malte sich ein bedeutender Traum mit lebhaften Farben vor seinem Geiste.

Er sah den Schutzgeist der Menschheit auf einer großen blühenden Insel, die ein stürmisches Meer umfloß, unruhig auf und nieder wandern, und sehr ängst-

lich nach den braufenden, empörten Fluthen blicken.
Das tobende Meer war mit unzähligen Kähnen be=
deckt, in welchem Greiſe, Männer, Jünglinge, Knaben,
Kinder, Weiber und Jungfrauen von allen Völkern
der Erde ſaßen, die mit allen Kräften gegen den
Sturm arbeiteten, um die Inſel zu erreichen. So wie
die Glücklichen nach und nach landeten, luden ſie ver=
ſchiedene Baumaterialien aus, die ſie in verworrenen
Haufen hinwarfen. Nachdem eine unzählbare Menge
das Land betreten hatte, entwarf der Schutzgeiſt, auf
der erhabenſten Stelle der Inſel, den Grundriß zu
einem großen Baue, und Jeder der Menge, alt und
jung, ſchwach und ſtark, nahm von dem verworrenen
Haufen ein ſchickliches Stück, und trug es nach der
Anweiſung derer, die der Schutzgeiſt erleſen hatte, an
den gehörigen Ort. Alles arbeitete mit Freuden, Muth
und Unverdroſſenheit, und ſchon erhob ſich das Ge=
bäude hoch über der Erde, als ſie auf einmal von
großen Schaaren überfallen wurden, die aus einem
dunklen Hinterhalt in drei Haufen auf ſie drangen.
Als ſie den Arbeitern nahe waren, fielen ſie auf Be=
fehl ihrer Anführer dieſe mit ihren zerſtörenden Waffen
in grimmiger Wuth an. Die muthigſten der Arbeiter
warfen ihre Werkzeuge weg, und griffen zu den
Schwertern, mit denen ſie umgürtet waren, um die
Feinde zurück zu ſchlagen. Die andern verdoppelten
indeß ihren Eifer, das angefangene Werk zu vollen=
den. Der Schutzgeiſt deckte ſeine muthigen Streiter
und fleißigen Arbeiter mit einem großen glänzenden
Schilde, den ihm eine Hand aus den Wolken reichte;

4 *

er konnte aber die unzählbare Menge nicht bergen. Mit tiefem Schmerze sah er viele Tausende der Seinigen unter den vergifteten Pfeilen und den mörderischen Waffen dahin sinken. Viele ließen sich von den Vorspiegelungen und Lockungen derer bethören, die ihnen die bezauberten Becher als Erquickung darreichten, taumelten dann im wilden Rausche herum, und zerstörten die mühsame Arbeit ihrer Hände. Die mit Fackeln Bewaffneten machten sich mit ihren Dolchen einen Weg, warfen die brennenden Fackeln in das angefangene · Gebäude; schon loderte die Flamme und drohte das herrliche Werk in die Asche zu legen. Der Schutzgeist sah mit schmerzvollen Blicken auf die Gefallenen und Verirrten, sprach den Uebrigen Muth zu, flößte ihnen durch seine Standhaftigkeit und Erhabenheit Kraft, Geduld und Ausharren ein. Sie löschten die Flamme, stellten das Zerrüttete her, und arbeiteten unter Verfolgung und Tod mit solchem Eifer, daß trotz der Wuth und dem Haß ihrer Feinde ein großer, herrlicher, edler Tempel hervorstieg. Der Sturm legte sich und helle sanfte Heiterkeit ergoß sich über die ganze Insel. Hierauf heilte der Schutzgeist die Verwundeten, tröstete die Müden, pries die tapfern Streiter, und führte sie unter Siegesgesängen in den Tempel ein. Ihre Feinde standen betäubt vor dem Riesenwerk, und zogen sich, nachdem sie vergebens versucht hatten, dessen Feste zu erschüttern, ergrimmt zurück. Faust befand sich nun selbst auf der Insel. Das Feld um den erhabenen Tempel war mit Leichen der Erschlagenen von jedem Alter beiderlei Geschlechtes bedeckt, und Diejenigen, die aus dem Zauberbecher getrunken hatten, gingen kalt unter den Todten herum, vernünftelten und spotteten über die Bauart des Tempels, maßen seine Höhe und Breite um seine Verhältnisse zu berechnen, und bestimmten sie um so zuverlässiger, je weiter sie von der Wahrheit entfernt waren.

Faust ging an ihnen vorüber, und als er sich dem Tempel nahte, las er über seinem Eingange folgende Inschrift:

Sterblicher!
Wenn du tapfer gestritten,
Treu ausgehalten hast,
So tritt herein
Und lerne deine edle Bestimmung
kennen!

Sein Herz glühte bei diesen Worten, und er hoffte auf einmal, das ihm quälende Dunkel zu durch= brechen. Kühn drang er nach dem Tempel, stieg die hohen Stufen hinauf, sah, wie eine schimmernde rosenfarbe Dämmerung ihn füllte, hörte die sanfte Stimme des Schutzgeistes, er wollte hineintreten, die eherne Pforte fuhr mit einem dumpfen Schall vor ihm zu, und er bebte zurück. Nun dünkte ihm, daß der Tempel, der vorher auf ebenem Boden gestanden, auf drei großen Felsen ruhte, woran er die Sinn= bilder der Geduld, Hoffnung und des Glau= bens erkannte. Seine Begierde, in die Geheimnisse des Tempels zu bringen, nahm durch die Unmöglich= keit noch mehr zu, auf einmal fühlte er sich mit Flügeln begabt, erhob sich und fuhr mit solchem Ungestüme gegen die eherne Pforte, daß er zurückgeschleudert in den tiefsten Abgrund sank, und in dem Augenblicke zitternd aus dem Schlafe auffuhr, als er den Boden zu berühren glaubte. Er schlug betäubt die Augen auf, eine blasse, in ein weißes Todtentuch gehüllte Gestalt, in der er seinen Vater erkannte, stand vor ihm und sprach mit klagender Stimme: „Faust, Faust! Nie hat ein Vater einen unglücklichern Sohn gezeugt, in diesem Gefühle bin ich nun eben verstorben. Ewig — ach ewig liegt die Kluft der Verdammniß zwischen mir und dir!"

---

## Dreißigstes Kapitel.

### Faust's erste Anwandlung der Verzweiflung.

Dieses bedeutende Gesicht, und die schauervolle Erscheinung durchbebten Faust's Seele, er sprang auf, da die Sonne eben ihre ersten goldenen Blicke auf die Erde warf. Er nahm seinen Stab in die Hand, wollte fortgehen, und versank in tiefe Betrachtungen. Das Luftgebäude seines Stolzes fiel zusammen, und die schlummernden Empfindungen seiner Jugend schoßen hervor, um seine Qual zu vermehren. Der Gedanke, sein Leben dem Wahne geopfert, die Kraft seines Geistes nicht genützt, in dem Strudel der Wollust, in dem Geräusche der Welt verbraust zu haben, drang tief durch sein Herz und erfüllte es mit Verzweiflung.

Er zitterte vor der Enthüllung des nächtlichen
Gesichtes, sein Geist arbeitete an der richtigen Deutung
der Bilder, welche die schmerzhaftesten Dolchstiche für
ihn waren.

So trieb er sich herum, als ihm durch die Er=
scheinung seines Vaters, seine seit so langer Zeit ver=
gessene Familie einfiel. Er faßte den Entschluß zu
den Verlassenen zurückzukehren, in die bürgerliche Ord=
nung wieder einzutreten, seine Kunst zu treiben und
sich von der lästigen Gesellschaft des Teufels zu be=
freien. So machte er sich nun auf den Weg nach
seiner Heimat, wie Viele, die unbestimmtes jugend=
liches Brausen für Genie halten, mit großen Ansprü=
chen in die Welt treten, das wenige Feuer ihrer
Seele schnell verdampfen, und mit den schalen Ueber=
bleibseln sich nach Kurzem auf eben dem Punkte be=
finden, von dem sie ausgelaufen waren, sich und der
Welt zur Last.

Jetzt mußte Mephistopheles wieder sichtbar vor
ihm erscheinen, diesem gebot er, ihn schnell nach
Deutschland zurück zu führen, und die Reise ward
auch sogleich angetreten. — Faust ritt stumm, düster und
mürrisch an der Seite des Teufels. Dieser überließ ihn
gern seinen Betrachtungen, lachte seines Entschlusses, und
verkürzte sich die Zeit mit der süßen Hoffnung, bald
wieder den Dampf der Hölle zu riechen. Er freute sich
schon im Voraus darauf, wie er des Luzifers spotten
wolle, der ihm Fausten als einen Mann besonderer
Kraft empfohlen hätte, und den er doch vor der Ent=
wicklung seines Schicksals so mürbe sah. Er stellte sich

den Kühnen in dem Augenblick vor, da er ihm zum
ersten Male erscheinen mußte, und nun sah er ihn ge=
beugt, wie einen büßenden Mönch, neben sich her
traben. Sein Haß gegen ihn nahm zu, und er jauchzte
in seinem schwarzen Innern, als er Worms in der
Ebene vor sich liegen sah.

---

# Ein und dreißigstes Kapitel.

### Der Teufel fängt an, Fausten sein Sündenregister vorzulesen.

Sie ritten beide die Landstraße hinan, und als
sie noch einige Steinwürfe entfernt waren, erblickten
sie ein Hochgericht, an welchem ein schlanker wohl=
gestalteter Jüngling hing. Faust sah hinauf, der frische
Abendwind, der durch seine blonden, über sein Gesicht
gefallenen Haare blies, und ihn hin und her schaukelte,
entdeckte Fausten seine jugendliche Bildung. Er brach
bei diesem Anblick in Thränen aus und rief mit be=
bender Stimme: „Armer Jüngling! In der ersten
Blüte des Lebens schon hier am Galgen? Was
kannst du verbrochen haben, daß die Gerechtigkeit
schon so frühe dich bestraft hat?"

Meph. (mit ernstem und feierlichem Tone).
Faust! Dieses ist dein Werk!

Faust. Mein Werk?

Meph. Dein Werk. Sieh' ihn genau an! — Es
ist dein ältester Sohn.

Faust blickte hinauf, erkannte ihn und sank ohn=
mächtig nieder.

Meph. Schon jetzt vernichtet? So wirst du
mich um die Früchte meiner Mühe bringen, die ich
nur in deinem Jammern ernten kann. Winsle und
stöhne, die Stunde naht, worin ich dir den dicken
Schleier von den Augen reißen muß. — — Höre!
Ich will mit einem Athemzug das verworrene Laby=
rinth weghauchen, in welchem du dich finden konntest;
dir Licht über die verschiedenen Wege der Welt geben,

4 * *

und dir zeigen, wie gewaltsam du sie durchkreuzt haft. Ich, ein Teufel, will dir zeigen, mit welchem Rechte und Gewinne ein Wurm wie du sich zum Richter und Rächer des Bösen aufwirft, und in die Räder dieser so ungeheuren und so fest und harmonisch gestimmten Maschine greift. Langsam will ich dir deine scheußlichsten Thaten vorzählen, damit das Gewicht eines jeden deiner Frevel, einer jeden deiner Thorheiten schwer auf deine Seele falle.

Erinnerst du dich des Jünglings, den ich auf deinen Befehl bei unserm Auszug aus Mainz vom Ertrinken retten mußte? Ich warnte dich. Er, um deßwillen du in die Führung des Schicksals verwegen griffst, nahte sich bald nach deiner Entfernung deinem jungen verlassenen Weibe. Der Glanz des Goldes, das wir ihr so reichlich hinterlassen hatten, reizte ihn mehr als ihre Jugend und Schönheit. Es war ihm ein Leichtes sie so zu bethören, daß sie ihm die Führung ihres Hauses überließ. Dein Vater wollte sich der Wirthschaft widersetzen, der junge Mann schlug und mißhandelte ihn, er suchte seine Zuflucht in dem Hospitale der Armen, wo er vor einigen Tagen vor Kummer über dich und deine Familie gestorben ist. Da ihn dein Sohn darauf mit heftigen Vorwürfen anfiel, und drohte, trieb er auch ihn aus dem Hause. Dieser irrte in der Wildniß herum, schämte sich zu betteln, kämpfte lange mit dem Hunger, stahl endlich in einer Kirche dieser Stadt einige Groschen aus einem Opferstock, ward darüber ertappt, und aus Rücksicht seiner Jugend nur gehangen. Deine Tochter treibt das schändlichste Gewerbe einer feilen Dirne, und dein zweiter Sohn ist Anführer eine Rotte von Straßenräubern, den das Rad erwartet. Der junge von mir gerettete Mann raubte endlich bei einer schicklichen Gelegenheit deiner Gattin ihre ganze Habe, dein Freund, dem wir den Prozeß gewinnen halfen, versagte deinem alten Vater seinen Beistand, stieß deine Kinder, die zu ihm flüchteten und um Brot fleh= ten, weg, und nun will ich dir deine Familie zeigen, damit du mit Augen siehst, was du aus ihnen gemacht hast. Dann will ich dich wieder hieher reißen, Rechnung mit dir halten, und du sollst eines Todes sterben, wie ihn kein Sterblicher gelitten hat. Ich will deine Seele herumzerren, bis du da stehst, gleich dem erstarrten Bilde der Verzweiflung.

## Zwei und dreißigstes Kapitel.

### Faust bei seiner Familie.

Mephistopheles ergriff den Jammerden, flog schnell mit ihm nach Mainz, zeigte ihm sein Weib und seine zwei jüngsten Kinder mit Lumpen bedeckt vor einem Kloster sitzen, um die Ueberbleibsel des Nachtessens der Mönche abzuwarten. Als die Mutter Fausten erblickte, schrie sie: „Ach Gott! Faust, euer Vater!" deckte ihre Augen mit ihren Händen zu, und sank in Ohnmacht. Die Kinder liefen zu ihm, hingen sich an ihn, und schrien um Brot.

Fauſt. Teufel! Gebiete über mein Schickſal, laß es ſchrecklicher ſein, als es das Herz des Menſchen tragen und faſſen kann, nur gib dieſen Elenden, und errette ſie von Schande und Hunger!

Meph. Ich habe für dich die Schätze der Erde geplündert und du haſt ſie der Wolluſt und dem Vergnügen geopfert, ohne dieſer Elenden auch nur im Mindeſten zu gedenken. Darum fühle nun Deine Thorheit. Dieß iſt dein Werk, du haſt das Gewebe zu ihrem Schickſale geſponnen, und deine hungrige, bettleriſche, elende Brut wird den von dir ausgeſäeten Jammer durch Kinder und Kindeskinder fortpflanzen. Du zeugteſt Kinder, warum ſollteſt du nicht ihr Vater ſein? — — Warum haſt du da das Glück geſucht, wo es nie ein Sterblicher gefunden hat? — — Blicke ſie noch einmal an, und dann fort, in der Hölle ſiehſt du ſie einſt wieder, wo ſie dich für die Erbſchaft verfluchen werden, die ſie dir nun zu danken haben. Er riß ihn von den Jammernden, ſein Weib wollte ſo eben ſeine Kniee umfaſſen und um Erbarmung flehen. — Fauſt wollte ſich zu den Unglücklichen neigen, aber der Teufel faßte ihn und ſtellte ihn abermals unter den Galgen bei Worms.

---

## Drei und dreißigſtes Kapitel.

### Fauſt, der Verzweiflung nahe.

Die Nacht ſenkte ſich ſchwarz auf die Erde. Fauſt ſtand vor dem grauſenden Anblick ſeines Sohnes,

Wahnsinn glühte in seinem Gehirne und er rief im wil=
den Tone der Verzweiflung: „Teufel! Laß mich diesen
Unglücklichen begraben! Entreiße mir dann das Leben,
und ich will dann in die Hölle hinunter fahren, wo ich
keinen Menschen im Fleische mehr sehen werde! Ich habe
sie kennen gelernt; mir eckelt vor ihnen, vor der Welt
und dem Leben! Fördere mich hinunter! Ich will ein
Bewohner der Hölle sein!"

Meph. Nicht zu rasch! — Faust! ich sagte
dir einst, du solltest das Stundenglas deiner Zeit
selbst zerschlagen; du hast es in diesem Augenblicke
gethan und die Rache ist da, nach der ich so lange ge=
seufzt habe! Hier entreiße ich dir deine mächtige Zau=
berruthe, und feßle dich in den engen Bezirk, den ich
nun um dich ziehe. Hier sollst du mich anhören,
heulen und zittern! Ich ziehe die Schrecken aus dem
Dunkel hervor, enthülle die Folgen deiner Thaten und
ermorde dich mit langsamer Verzweiflung! So jauchze
ich, so siege ich über dich! — Thor! Du sagst, du
hättest den Menschen kennen gelernt! Wo? wie? und
wann? Hast du auch einmal seine Natur erwogen,
durchforscht und abgesondert, was er zu seinem Wesen
Fremdes hinzugesetzt, verpfuscht und verstimmt hat?
Hast du genau unterschieden, was aus seinem Herzen
und was aus seiner verdorbenen durch Kunst verhunzten
Einbildungskraft fließt? Hast du die Bedürfnisse und
Laster, die aus seiner Natur entspringen, mit denen ver=
glichen, die er der Kunst und seinem verdorbenen Willen
allein verdankt? Hast du ihn in seinem natürlichen Zu=
stande beobachtet, wo jede seiner unverstellten Aeuße=

rungen das Gepräge seiner innern Stimmung an sich
trägt? Elender Menschenkenner! Du haft die Maske
für seine natürliche Bildung genommen, und nur den
Menschen kennen gelernt, den seine Lage, sein Stand,
Reichthum, seine Macht und seine Wissenschaften der
Verderbniß geweiht haben.

Jetzt fing der Teufel an, Fauft's Thaten zu durch-
muftern, und sprach: „Wenn ich taufend menschliche
Zungen hätte, und dich Jahre lang in diesem Kreise
gefeffelt hielt, so könnte ich dir doch nicht alle die
schrecklichen Folgen deiner Thaten entwickeln. Durch
Jahrhunderte läuft das Gewebe des Unglücks deiner
Hand und künftige Geschlechter verfluchen einst ihr Da-
sein, weil du in wahnsinnigen Stunden deinen Kitzel
befriedigt, oder dich zum Richter und Rächer mensch-
licher Handlungen aufgeworfen haft. Siehe, Kühner!
so bedeutend wird dein Wirken, das dir Blinden so
beschränkt schien! Du haft mit verwegener Hand die
Kette des Geschicks gefaßt, und an den Gliedern der-
selben genagt, ob sie gleich unzerreißbar sind.

Nun ziehe ich den Vorhang hinweg und schleudre
das Gespenst, „Verzweiflung", in dein Gehirn. Vernimm
nun deines Lebens Gewinn, und ernte ein, was du ge-
fäet haft! Von dir gezwungen, unterbrach ich den Lauf
der Dinge; aber ich bin schuldlos! denn Alles sind
Thaten deines eigenen bösen Herzens!"

# Vier und dreißigstes Kapitel.

## Faust in der Verzweiflung.

Faust drückte seine Hände vor seine Augen; der Wurm der Qual sog an seinem Herzen; nach einer Pause blickte er gegen Himmel.

Meph. Er ist taub gegen dich! Der Engel, der euer Schuldbuch führt, erbebte bei deiner ersten schwarzen That auf seinem glänzenden Sitze und strich deinen Namen mit weggewandtem Gesichte aus dem Buche des Lebens.

Faust sprang auf und verfluchte die Stunde seiner Geburt.

Meph. Die Hölle freut sich deiner Flüche, und erwartet einen noch schrecklicheren von dir! Thor! Warst du nicht frei geschaffen? Empfandest du nicht wie alle Menschen den Trieb zum Guten wie zum Bösen in deiner Brust? Warum tratst du verwegen aus dem Geleise, das dir so bestimmt vorgezeichnet war? Warum wagtest du deine Kräfte an dem und gegen den zu versuchen, der nicht zu erreichen ist. Warum wolltest du mit dem richten und rechten, den du nicht fassen und denken kannst? Dir verlieh er den unterscheidenden Sinn des Guten und Bösen; frei war dein Wille, frei deine Wahl. Faust! Nur in der Beschränktheit lag dein Glück! Wärest du geblieben was du warst, hätten dich Dünkel, Stolz, Wahn und Wollust nicht aus dem glücklichen Kreise gerissen, so hättest du still dein Gewerbe getrieben, dein Weib und deine Kinder ernährt, und deine

Familie, die nun in den Koth der Menschheit gesunken ist, würde blühen.

Fauſt. Erwürge mich, tödte mich mit tauſend-fachem Tode; nur laß mich den Unglücklichen zuvor be-graben! denn nur er und die ich eben geſehen, liegen wie die Laſt der Erde auf mir und zermalmen meine ſich noch empörende Kraft?

Meph. Ich bin deiner Geſellſchaft und der Erde müde. Deine Zeit iſt um. Tritt aus dem Kreiſe und begrabe den Elenden! Dann will ich dich faſſen, deinen lebenden mürben Leib von deiner Seele ſtreifen, wie man dem Aale die Haut abſtreift und ihn zerſtückt auf die umherliegenden Felder ſtreuen, den Vorübergehenden zum Abſcheu, und den Raben und Geiern zur Nahrung!

---

## Fünf und dreißigſtes Kapitel.

### Fauſt's Tod.

Fauſt ſtieg den Galgen hinauf und löſte den Strick von dem Halſe ſeines Sohnes, trug ihn auf das nahe Feld, das der Pflug friſch aufgeriſſen, grub mit ſeinen Händen unter Schluchzen und Thränen ein Grab, und legte den Unglücklichen hinein. Hierauf trat er vor den Teufel, und ſprach mit wildem Tone: „Das Maß meines Jammers iſt voll! Zerſchlage das Gefäß, das ihn nicht mehr faſſen kann! Aber noch habe ich Muth, mit dir um mein Leben zu kämpfen: denn ich will nicht sterben wie der Sclave, der unter der Gewalt seines Herrn ohne Widerstand hinsinkt! Erscheine mir unter welcher Gestalt du willst, ich ringe mit dir! Um der Freiheit und Unabhängigkeit zog ich dich aus der Hölle; am Rande der Hölle will ich sie behaupten; am Rande der furchtbaren Wohnung will ich noch eine Kraft ge= brauchen und fühlen, daß ich dich einst an meinem Zau= berkreise gefesselt sah, und dich zu geißeln drohte! Was du in meinen Augen siehst, sind Thränen der Ver= stockung, Thränen des grimmigsten Unwillens! — Teu= fel! nicht du! mein eigenes Herz siegt über mich!

Meph. Nichtswürdiger Prahler! Die Rache rauscht heran, und Ewigkeit ist ihr Name!

Jetzt stand der Teufel in Riesengestalt vor ihm. Seine Augen glühten wie vollgefüllte Sturmwolken, auf denen sich die untergehende Sonne abspiegelt. Der Gang seines Athems glich dem Schnauben des zorni= gen Löwen. Der Boden ächzte unter seinem ehernen Fuße, der Sturm sauste in seinen fliegenden Haaren, die um sein Haupt schwebten, wie der Schweif um den drohenden Kometen. Faust lag vor ihm wie ein Wurm; der fürchterliche Anblick hatte seine Sinne gelähmt, und alle Kraft seines Geistes gebrochen. Dann faßte ihn Mephistopheles, zerriß den Bebenden und streute den Rumpf und die blutigen Glieder nach allen Welt= gegenden und fuhr mit seiner Seele zur Hölle. Also geschehen zu Rimlich anno 1550.

# Sechs und dreißigstes Kapitel.
## Fauſt in der Hölle.

Die Teufel waren um Luzifern verſammelt, der mit den Fürſten ſeines Reiches zu Rathe ſaß, um aus= zumachen, mit welchen Strafen man den verwegenen Fauſt peinigen wolle; da fuhr Mephiſtopheles in ihre Mitte, hielt Fauſt's Seele am Schopf und ſchleuderte ſie hin! „Da habt ihr den ſtolzen Frevler Fauſt!" Die Hölle empfing ihn mit einem ſo lauten Freudengebrülle, daß die Verdammten in ihren Pfuhlen erbebten.

Luzifer. Willkommen! Fürſt Mephiſtopheles! Willkommen Fauſt! Wir haben hier genug von dir ge= hört! Ein ganzer Mann! Verzweiflung, Vermeſſenheit, Haß, Groll, Schmerz und Wahnſinn haben tiefe Fur= chen in ſeine Seele geriſſen. Er ſieht ſelbſt uns und die Hölle ohne Beben an. Fauſt! biſt du ſtumm?

Fauſt. Nicht aus Furcht? Ich war gegen den Mächtigſten kühn, und darum bin ich hier!

Luzifer. Bravo — — Drum zerrt ihn in den ſchrecklichſten Winkel der Hölle! Dort ſchmachte er in düſtrer Einſamkeit und ſtarre hin vor der Betrachtung ſeiner Thaten, die nie zu verſöhnen ſind! — Daß ihm ja kein Schatten nahe, ihr Teufel! Geh! und ſchwebe allein und verloren; eingeſchloſſen zwiſchen ausgebrann= ten Klippen in dem Lande, wo keine Hoffnung, kein Troſt und kein Schlaf wohnen! Nur im Vergangenen, im Bewußtſein deines Wahnſinnes und deines Frevels ſollſt du leben! Die Zukunft ſei für dich nichts als der ſchreckenvolle Gedanke, dein ganzes Daſein ſei eine ewig fortlaufende Reihe einer unveränderlichen Qual, eines unveränderlichen peinlichen Gefühls deines Selbst! An deiner Seele sollen ewig die Zweifel nagen, die dich in deinem Leben gequält haben; und nie soll sich dir eines der Räthsel enthüllen, um deren Auflösung du hier bist. Dieß ist die peinlichste Strafe für einen Sünder deiner Art. Hinweg!

Nach diesem Urtheile ward Faust's Gestalt immer schwärzer und schwärzer. Die Züge der Menschheit verloschen, ein düsteres, gestaltloses, scheußliches, schwimmendes Gewebe umschlang seine Seele. Noch wüthete er; die Wuth schoß glühende Funken aus dem gestaltlosen Gewebe und erleuchtete es.

Da schrie Mephistopheles : „Ich will ihn ergreifen!"

Da goß sich die gedrohte Qual über ihn aus und ein Stöhnen erscholl aus dem Gewebe, das, hätten es Menschen mit Ohren, aus Fleisch gebildet, vernommen, ihr Herz wäre dabei erstarrt und die Quelle ihres Lebens versunken

Noch stöhnte Faust aus dem düstern Gewebe unter Mephistopheles eiserner Hand. Noch schwebte das Gewebe und verlor sich nun tiefer und tiefer in der unendlichen Ferne. Dann schleifte es der Teufel über die verbrannten Felsen hin, schwang sich mit ihm empor bis zu der ehernen Wölbung der Hölle, schleuderte ihn herunter, und Faust's Schatten sank hinab in den bodenlosen Abgrund der Hölle.

Druck von U. Klopf s. u. Alex. Curich.

www.ingramcontent.com/pod-product-compliance
Lightning Source LLC
Chambersburg PA
CBHW031444270326
41930CB00007B/860